幼児のゲーム&あそび ③

0〜5歳児の発達をうながす
おもちゃの つくり方・あたえ方

芸術教育研究所 編

黎明書房

はじめに

　私たちは、さまざまな方々からおもちゃについての話を聞く機会にめぐまれます。
　53歳の男性が、

　　あるとき、私の友人の子どもにおもちゃを買ってあげました。その時は非常に喜んでくれましたが、……しかし、残念なことには1時間ぐらいですぐに壊れてしまったのです。
　　直してあげることもできず、子どもの悲しそうな顔のみが、今でも心に焼きついています。
　　そうだ、子どもが夢中になって遊んでも、簡単に壊れない、よいおもちゃを作ろう、そして、もし壊れても直せるようなおもちゃを作ろうと、決心しました。
　　そこで、素材を吟味し、木に焦点をしぼり、木製玩具づくりに取り組んでみました。

と嬉しさいっぱいの顔で語ってくださるのを聞いて、まさに、おもちゃと人間のかかわりはこのようなところから出発するのだと感じました。
　しかし、まだまだちまたには壊れ物の代表みたいなおもちゃがいっぱいです。
　子どもの成長を願う私たちは、子どもにとっておもちゃは食べ物と同じだという考えをもとに、よりよいおもちゃを研究実践し、多角的な条件の中で点検吟味を進めております。
　おもちゃは人間関係を育てていくものです。おもちゃは子どもたち、いや人間のための成長の糧です。しかし、残念なことには、おもちゃに関して公共図書館や児童館は、人々を受け入れる用意が貧弱です。そこで、私たちの研究所は、多くの努力を重ねていままで集めたおもちゃを利用して、「おもちゃ美術館」を、人々のためにオープンしました。
　本書では、0～5歳までを軸に、さまざまな手づくりおもちゃを作り、それらが人間関係の中でどのように役立つかを中心にまとめてみました。
　そして、その中で0～5歳までのおもちゃの役割の位置づけを考えました。さらに、手づくりおもちゃのみでなく、既製のおもちゃとの関係、また障害のある人々のためのおもちゃの役割など、おもちゃに関するあらゆることを紹介しました。
　しかし、よくよく考え、実践を深めていくと、いよいよ手づくりおもちゃの価値が深まるばかりです。
　おもちゃを必要とする子ども、いや人々に、適切なおもちゃを与え、指導するには、なんといっても、まず、成長をうながし、人間関係を深める手づくりおもちゃが第一です。
　そして、その上でこそ、より多くの人々が必要とする、大量販売されているおもちゃや、おもちゃ自体について考えることができるでしょう。
　なお、本書は、先に出された『0～5歳児の年齢別発達をうながすおもちゃ』を改題・改版したものです。
　末長いご愛読を、お願いいたします。

　　　　　　　　　　　芸術教育研究所

この本の特徴

　手づくりということばは, まさに日常化された, ごく一般的な価値をもつことばになりました。しかし, よくことばのもつ意味を吟味してみると, 実に観念的に使われているきらいがあります。

　本書では, 乳幼児期の教育をじっくりと考え, 1人ひとりにあった本当の意味での手づくりである「手づくりおもちゃ」を大人が生み出してほしいという思いをこめてまとめられました。

　おもちゃは子どもにとって生活の道具であり, 成長の糧です。そして, これらの道具 (または童具) は, どのようなねらいを持っているのか, そして, どのように与え, どのようにみんなで作ったらよいかを考え, 望ましい遊びがここから出発するようまとめました。

　また, 手づくりおもちゃの内容をより深く吟味するために, 市販の玩具や大型遊具などもよいものを取り入れ, 年齢, 発達成長に即して, これらのおもちゃの与え方のポイントを述べ, 次に手づくりおもちゃのもつ役割を鮮明に考えるための手だてとして, 実践報告とそれに関連ある手づくりおもちゃを紹介しました。これは, 身近にある, 手に入りやすい材料を使いこなして作ることを主眼にしたおもちゃの数々の紹介です。

　この本が日々の保育の中で, 子どもの全面発達を願い, 手づくりおもちゃを作るきっかけとなり, さらにまた, よりすばらしいものを作りだすヒントになることを切望しております。

この本と仲良しになるためには

　まず, 読者の方々はこの本をペラペラめくり, どのような手づくりおもちゃが掲載されているかを理解してください。

　知っているもの, 知らないものがどのくらいあるか。そして, 知っていると思われるものも, 2～3内容を確認し, 本当に自分が知っているとおりのものか, あるいは変化がつけられているものかを, じっくり弁別してください。

　知らないものも, 1～2内容をしらべ, おもちゃのもつ役割を確認してみてください。

　すると, この本のレベルがいくらかわかっていただけると思います。この本と仲良しになるには, まずこのあたりから。

　つづいて, 私たちが考えているおもちゃの与え方のポイントを年齢別に読み取ってください。

　ただ, 自分の関係している子が2歳だからといって, 2歳のところしか読まないのでは困ります。必ずその前後は, 最低目をとおしてください。2歳だったら, 1歳のところと3歳のところは必ず読んでください。すると, おもちゃの置かれている位置が鮮明になることと思います。

　この後は, ご自由です。みなさんが持っておられる事柄とぶつかりあうところをじっくり読みこなし, ご自分のお考えと交差させてみてくだされば, この本を読んでいただいたことが, 20倍, 30倍にもふくらむことでしょう。

0〜5歳児の
発達をうながすおもちゃの
つくり方・あたえ方
もくじ

[3　歳　児]……………20
　いろいろな材料の性質を知り，それらを生かして表現活動に意欲的にとりくむ

[4　歳　児]……………24
　自発的に友だちとあそびをみつけ，継続し発展させる

[5　歳　児]……………28
　仕事やあそびを分担し，その役割を果し，自発的に工夫したりし，友だちとのつながりを深めさせる

●現場からの質問に答えて①………32

 手づくりおもちゃを使った保育の実際

にぎる力　つかむ力がつく〈0歳〉……34
　フィルムケースのかたかた　わりばしのかたかた　他

指の動きが活発になる〈1歳〉…………40
　つなぎお手玉　輪つなぎ　星型お手玉　くつしたお手玉　てぶくろお手玉　人形お手玉　ジャンボお手玉

はじめに　1
この本の特徴　2
この本と仲良しになるためには　2

 0〜5歳児のおもちゃのあたえ方のポイント

[0　歳　児]………………8
　音に注意をむけさせ，手の操作の力を強めさせる

[1　歳　児]………………12
　腕・手・指の活動の分化をはかり，基礎的な生活習慣を身につけさせる

[2　歳　児]………………16
　おもちゃであそぶことを多くし，言語活動や運動機能の発達をはかる

 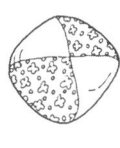

ことばの理解を発達させる〈2歳〉……46
　なかまカードあつめ　大きなカルタ
　紙人形　カード絵あわせ　絵あわせ

ことばが身についてくる〈3歳〉………52
　かくれんぼ　貝の色・形あわせ　い
　ないいないバァー　こんにちわ

ごっこあそびの幅をひろげる〈4歳〉..56
　おうちごっこの柵　パックの柵　パ
　ックの積木　パックのいす　パック
　のちりとり

ことばがでるきっかけをつくる〈2歳〉…62
　手袋人形　指人形　タオルのミトン
　サルの家族　ソックスへび

手先の動きがたくみになる〈3歳〉……68
　紙粘土こま　千代紙ごま　5円玉ご
　ま　どんぐりごま　竹のこま　糸ま
　きごま　ぶんぶんごま

いろいろなあそび方ができる〈2歳〉…75
　パクパクくん　折り紙占い　かわり
　ぶね

あそびの輪がひろがる〈2歳〉…………79
　かんたんかんたん　サロン前かけ
　小さなふとん

ゲームのおもしろさがわかる〈5歳〉…83
　紙ずもう　紙ずもうA　紙ずもうB
　紙ずもうC　松葉ずもう

音をつくりだすことができる〈5歳〉…89
　バンジョー　ゴムの琴　マラカス
　ひょうしぎ　びんのふたのこすり板

●現場からの質問に答えて②……………94

III 障害のある子のあそびとおもちゃ

[話　す]…………………………………97
　吹くおもちゃ　指人形　手使い人形
　絵本　絵カード

[読む・書く（描く）]………………100
　描画材と紙　ハンコあそび　絵本

[算　数]‥‥‥‥‥‥‥‥‥‥102
　クリエイティブ・プレイシング　大
　きなサイコロ　色棒さし　数の比較
　数のドミノ　バランスばかり

[組み立てる　実験する]‥‥‥‥‥105
　砂あそび・水あそび　色ひもとおし
　構造積木　ブロック　構成ブロック

●現場からの質問に答えて③‥‥‥‥108

IV 材料別・手づくりおもちゃのつくり方

[新　聞　紙]‥‥‥‥‥‥‥‥‥110
　新聞紙のツリー　紙でっぽう

[紙の小箱・段ボール箱]‥‥‥‥‥112
　ロープウェー　ボックスカメラ　は
　いるかな　段ボールの家づくり　テ
　レビのチャンネルあそび　ままごと
　びょうぶ

[トイレットペーパー，ガムテープ，セロテープの芯]‥‥‥‥‥114
　おひなさま　おきあがりこぼし　け
　ん玉　輪なげ

[牛乳パック]‥‥‥‥‥‥‥‥‥116
　パックン人形　とんぼがえる　ひも
　とおし

[わりばし]‥‥‥‥‥‥‥‥‥‥118
　ヒコーキ　かたちづくり　くじ引き
　わりばしでっぽう

[かまぼこ板]‥‥‥‥‥‥‥‥‥120
　かまぼこげた　かまぼこ積木　かわ
　り積木

[シャンプー，カプセルトイの空容器]‥‥‥‥‥‥122
　カプセルトイのガラガラ　シャンプ
　ー容器の水でっぽう　ボーリングの
　ピン　とうめい人形

[ビニル袋]‥‥‥‥‥‥‥‥‥‥124
　落下傘　ビニルのさかな　グニャグ
　ニャだこ

[空　缶]‥‥‥‥‥‥‥‥‥‥‥126
　ガラガラたおし　出たり消えたり
　かんころがし　バランスあそび　か
　ん馬　両手のかん馬

[布]‥‥‥‥‥‥‥‥‥‥‥‥‥128
　大きな人形　ゴムつなぎボール　か
　わりお手玉

I

0〜5歳児の
おもちゃのあたえ方のポイント

　子どもにとってあそびは生活そのものであるといわれています。保育園や幼稚園で大いに子どもをのびのびとあそばせなければということばを聞きます。そして，あそびによって子どもの諸能力を発達させるといっています。

　しかし，具体的に何歳何カ月ごろには，どんな能力を育てるためにどんなあそびをさせて，また，そのあそびのためにどんなおもちゃを使えばよいかということはあまり考えていないようです。ただ一時的に子どもの気をひき，おとなしくしていてくれるから与えるとか，おとなの趣味や可愛らしさで選び与えたり，それぞれの保育者の経験と勘とで与えていることが多いようです。

　子どもたちの成長の糧であり，道具であるおもちゃを考えますと，まず，子どもの発達の過程を知り，そのための教育課題を達成できるものを与えていかねばなりません。

　I章では多くの乳幼児教育者の実践にもとづき，0〜5歳児の各年齢に即したおもちゃの与え方のポイントを紹介します。

◯歳児　音に注意をむけさせ，手の操作の力を強めさせる

　生後１年までの子どもに対しては，健康を維持し増進させ，身体，心，感覚を遅滞なく発達させるための必要な条件をつくることが大きな課題です。

　誕生から３カ月までの子のためのおもちゃといえば，「ガラガラ」「でんでんだいこ」「オルゴールメリー」など，音がするものがあげられます。「でんでんだいこ」や「ガラガラ」は古くからあります。昔の人たちは経験と勘によって用いたのでしょうが，実に理にかなったものです。

　人間は最初，耳からの音刺激によって，この世界を知るわけです。が，びっくりするような音は適しません。それには，よい響きをもつ，心地よい音が必要なわけです。

　次に目が見えて，音のする方に注意をむけ，目でさがすようになります。そして，自分に話しかけてくるおとなの顔を注視するようになり，生後１〜

2カ月過ぎると、おとなの働きかけに応えるほほえみ、音声を発し、手足を曲げたり、伸ばしたりして活発な動作をおこなうようになってきます。やはり、この時期はおとなが声をかけ、ガラガラをふってあげるといったコミュニケーションが大きな意義をもっています。

生後3カ月から6カ月になると、子どもは静止したものに視線を固定し、動くものを目で追うようになっていきます。そして、目に見える対象に向かって動作を起こし、それをつかむという行動をします。

おとなが音を聴かせてあげる場合ですと、和紙ではった でんでんだいこでもいいのですが、子どもがさわったり、つかんだりするようになると、もたすものの重さとか材質を考える必要があります。そして、すぐに口にもっていくので清潔さも要求されます。

6カ月から9カ月になるとかなりの時間腹ばいの姿勢で過ごし、仰むけに寝返りをうったりしながら動きまわりはじめます。おもちゃを手でもち、ながめまわしたり、手から手へもちかえたり、振りまわしたり、また遠くにあったり、取り上げられたら、手を伸ばしたり、はい出したりして、そのおも

ちゃを取ろうとします。そして，手近にあるものをたたいたり，ボタン，ご飯粒などの小さなものをつまみ口に持っていきます。紙を与えるといじくりまわして引っぱったりします。

　この時期にはボールを子どもの方へころがし，すわっている姿勢から前にあるものにつかまって，ひざをついた姿にしむけ，はう力を助長しながら，移動動作に意欲をもたせるようにします。

　8～9カ月になると，手渡ししたものを打ち合せたり，なんども落したりして，その音をたのしむようになります。その場合，こわれにくいものを選ぶことが必要です。

　ようするに6～9カ月ごろの子どもには，にぎれて音がしたり，ころがり動くということが与えるおもちゃのポイントになります。

　9カ月から生後1年という時期は，つかまり立ちからひとりですわれるようになり，ものをだしたりいれたり，打ち合わせて音をだしたりして，ひとりあそびをしはじめます。そして，身近なおとなや子どもの名を区別する能力がだんだん育ち，理解しうることばが拡大していきます。

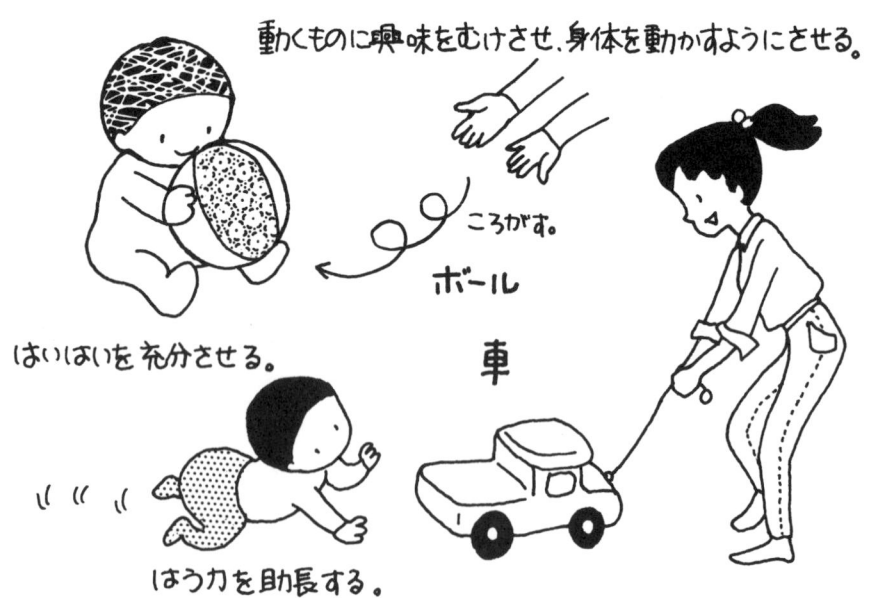

また，この時期に片言がはじまり，一語文（マンマ，ウマウマなど）を話すようになってきます。保育者といっしょにいることを要求して，自己主張がはっきりしてきます。

　このころの主な働きかけとして，ボールをころがしたり，追ったりして全身を動かし，つたい歩きや支えられて歩くことがうまくできるように，段ボールの箱，椅子，手押車などを押しはこばせ，すべり台や階段をよじのぼらせたりします。全身運動とともに手先の運動も活発にさせるために，積木（3センチ角）やお手玉を指でつまんだり，引き出しをあけたり，ビンのふたをあけたりしめたり，形のかんたんなポストボックスとか箱からものをだしたりいれたりを十二分にさせましょう。そのときに，ただ与えっぱなしにせずはっきりとことばかけをすることが大切です。そのことばかけに愛情がこめられ，やさしさがあり，気持ちが通じあってこそ，おもちゃが0歳児にとって成長の糧となることでしょう。

段ボールおし
歩行をめざし，はいはいから垂直な姿勢による位置の移動をさせる。

すべり台

1歳児

腕・手・指の活動の分化をはかり、
基礎的な生活習慣を身につけさせる

　生後2年目の大きな特徴は歩きはじめること、話しはじめること、ものを扱う基本的な動作を習得することです。大きくわけて前半はことばを理解する能力が特にめざましく発達し、後半は基本的な運動機能が向上して、平坦な場所を歩くとともに走ったり、小山や階段を登ったり降りたりする能力もしだいに発達します。また、ものを運んだり、ものを用いてさまざまな動作をしたりするのを好むようになります。

　すなわち、1歳児の運動面では歩くことを中心に走る、登る、降りる、押す、引っぱる、すべる、またぐ、もぐるなどの動作をおこない、腕や手や指先の運動ではつかむ、にぎる、つまむ、はずす、めくる、とおす、ころがす、だす、いれる、まわすといった活動やなぐり描きをはじめます。

では，1歳児とおもちゃとのかかわりあいを考えてみましょう。

　生後1年すぎたころは，特におもちゃが何をあらわしているかには注意をはらわず，たんに持ち運んだり，にぎったり，投げたり，ころがしたりします。しかし，身のまわりのものへの興味は強く，やたらとその辺にあるものをいじくりまわして，うっかり目を離すわけにはいきません。このようにいじくりまわしていく動作を土台として，さらに日常生活の中で必要とする表現技能（模倣技能）を成長，発達させていくことになるのです。

　そこで子どもたちのためにいじくりまわし，たしかめあそびが十分にできる条件（環境）を整えるのが保育者や親の役割でしょう。そして，いろいろな条件を考えるとともに，ねらいをもって与えたり，誘導していくことが必要です。

① 基本的な運動機能を発達させる

　手押し車を動かし，ボールであそぶ。すべり台や砂場であそばせる。砂場の場合，道具をわたさないで手だけ使ってあそばせるようにします。

② いろいろな操作ができるようにしよう

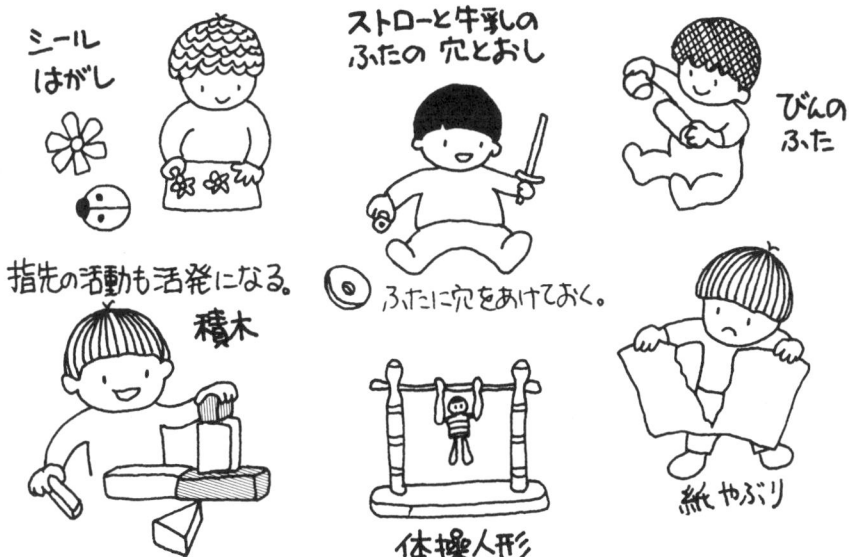

腕，手，指先の運動によってものを扱う動作を基礎に，用途に応じて日用品を扱う能力を育成していきます。それらのためのあそびとして，シールはがし，穴とおし，びんのふた，積木，体操人形，紙やぶり，粘土，クレヨンでなぐり描きなどを十二分にさせます。

③　ことばの発達をうながそう

　周囲の人々のことばを理解する能力と自分の欲求を単語で表現する能力を育てるわけです。それには指人形を使って子どもたちに話しかけたり，手づくりの絵本（フェルトでつくってあって，マジックテープやホックで登場人物をつけかえたりして物語がつくれるようになったもの）でかんたんなお話しを聴かせたりして，もの（事物の名称）とことばの結びつきを理解させます。そして，おとながいう単語を模倣して再現する能力を育成していきます。

　ようするに，しぐさや表情によるコミュニケーションから，言語的手段による表現へ移っていくように刺激していきます。そのために興味を示し，注意をかたむけ，集中できるおもちゃを使っていきます。

④　ものとその性質（かたち，大きさ，色）の知覚を向上させよう

　ことばともの，行動を結びつけて理解させるのと同時に，そのものの性質を知覚させ，初歩的な思考活動を育成していかねばなりません。

　そのためには，丸，四角，三角のきわだって対照的なかたち，大・小のきわだって対照的な大きさ，赤・青・黄など２～３種類の色の区別を学ばせることからはじめます。はめたり，さしこむといったものを扱う動作とともに同じかたち，同じ大きさ，同じ色のものとか，積木やポストボックスやはめ板を使っておこない，「大きい」「小さい」「同じ」「ちがう」などのことばかけをして，区別する能力を育成していき，ものについての一般的な表象を形成させます。

　生後１年を過ぎると，ひとりひとりの子どもの発達のテンポに大きな差が見られるようになります。指導するうえでも個人差を考慮しながら，おもちゃを与えたり働きかけをしていく必要があります。

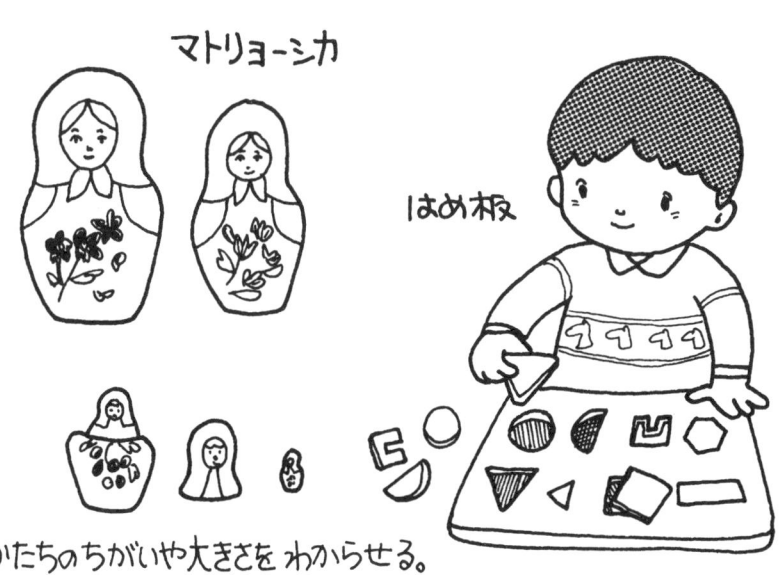

かたちのちがいや大きさを わからせる。

 おもちゃであそぶことを多くし、言語活動や運動機能の発達をはかる

　生後3年目は過去2年間にくらべ、からだのめざましいほどの発達はみられなくなってきますが、全体的にからだは強健になり、神経系が発達し、運動器官の機能が向上します。
　この時期の子どもの特徴としては、自分で行動しよう、まわりの人のすることをひとりで実行しようという意欲が強くなりますが、子どもの注意はまだきわめて不安定ですぐに気が転じ、ひとつのことを途中でやめて、別のことに手をだしたりします。
　また、見た現象の直接の原因を理解しようとして「なぜ？」「どうして？」といった質問を多くするようになり、ことばの理解ができ、思考がさらに発達します。
　それからいっしょにあそぶという形式がはじまるということです。はじ

めのうちは短時間だが、しだいに安定したものになり、その過程を通して協力、助け合いなどの関係が形成されはじめます。

造形活動に興味をもち、1歳後半に手の発達を促進させるために鉛筆やクレヨンと画用紙などの紙を与えていましたが、2歳児になると一定のきまりを理解させ、鉛筆、クレヨン、フェルトペンなどの描画材を十二分に使えるようにしむけ、絵の具を使う前にわりばしでつくったタンポを使い、絵の具をタンポにふくませ、リズミカルなことばかけで点描による表現をおこなっている実践が多くでています。タンポで絵の具の特性を理解させてから筆をもたせています。そこまで活動がいくまでには、正しくいすに坐るとか紙をしわくちゃにしないとか、紙の上にだけ描くなどのことをきちんとふまえさせ、そのつど注意しなければいけません。

描画材のほかには粘土を正しく使わせ、ちぎる、まるめる、くっつけるなどの活動を通して、だんだんと複雑なかたちの造形力を身につけさせるようにします。粘土は油粘土とか小麦粉粘土がよく使われますが、やはり土粘土の感触をあじわわせてあげたいものです。

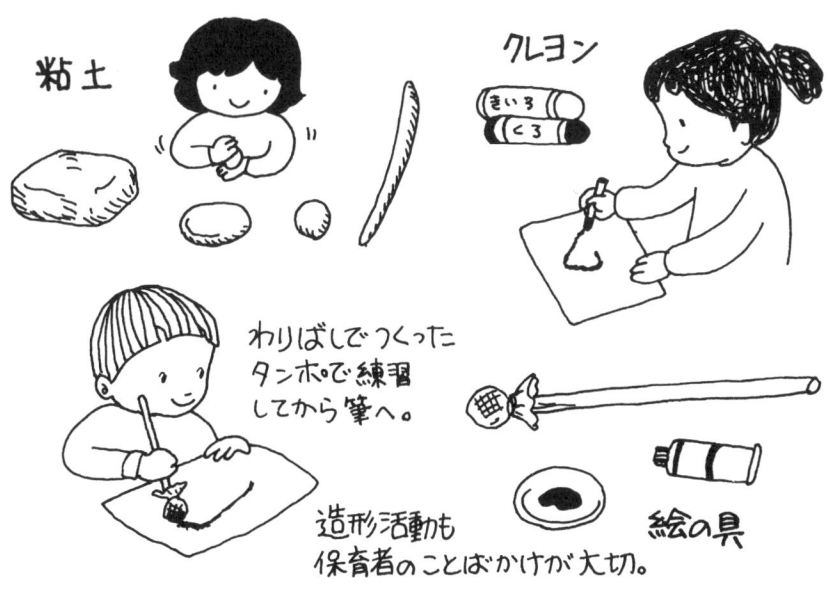

この時期の子どもたちへ与えるおもちゃをみてみますと，たとえば，ごっこあそびのためのおもちゃには，積木，ままごとセット，ぬいぐるみがあり，子どもたちがよろこんであそぶものに電話があります。電話はダイヤルをまわしたりおしたりする手の活動と話しかけるといった言語面の発達をうながすのに役立ちます。これはまたおとなの行動の模倣のひとつです。

　次に身のまわりのことができるようになるおもちゃを与えることが多いようです。かんたんな服の着脱の自立をさせるために，ボタン，ホック，ファスナーなど機能訓練をあそびとして展開しています。しかし，机上の練習をしても自分の着ている服になるとできない場合が多いので，最近ではそれらの練習が着ていてできる服やエプロンもあるようです。

　ようするに，ボタン，ホック，ファスナーを練習するにしても，保育者がかんたんなお話しやあそびのなかで，たのしくすごしているうちに習得させていくといった指導が大切なのはいうまでもありません。

　それから，はめこみや積木であそびを組み立てたり，分けたり，ならべたりして，色，形，数のちがいに気づき，思考力をたかめます。

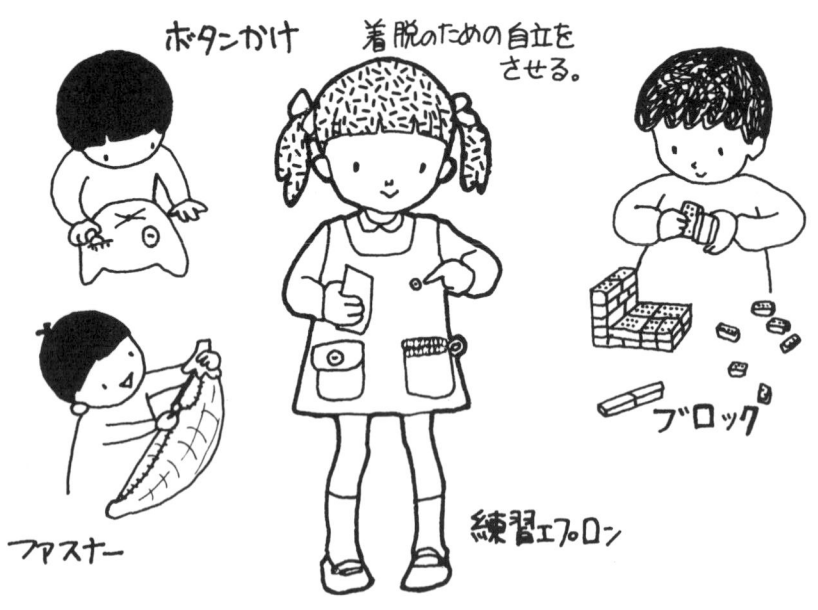

２歳になれば，運動器官の機能が向上し，今までよりも自主的になり，運動も今までより調和のとれたものになります。

　外でのあそびは，すべり台，ボールあそび，ジャングルジム，ブランコなどで十分に身体を動かします。保育者もいっしょにすべったり，のったりして遊具に対する恐怖感をもたせないように配慮をする必要があります。

　そのほかにマット，雲梯，鉄棒などでは，積極的に身体を動かしますが，自分の能力以上の動きをするので，常に子どもの動きに注意しなければなりません。

　また，大型ブロックでのひとりあそびから，意図的な共同あそびへ進め，共同の中でおきるけんかの原因について，子ども同士初歩的な話しあいをさせます。子どもたち同士のことばによるコミュニケーションを発達させ，あそび仲間に対する思いやりある態度をそだて，人の邪魔をせずに同じ場所であそべるようにします。そのために，共通のおもちゃを使い，友だちのおもちゃをとらず，すすんでいっしょにあそぼうという気持ちを育てるようにして，おもちゃをきまった場所にかたづけるなどの習慣をつけるようにします。

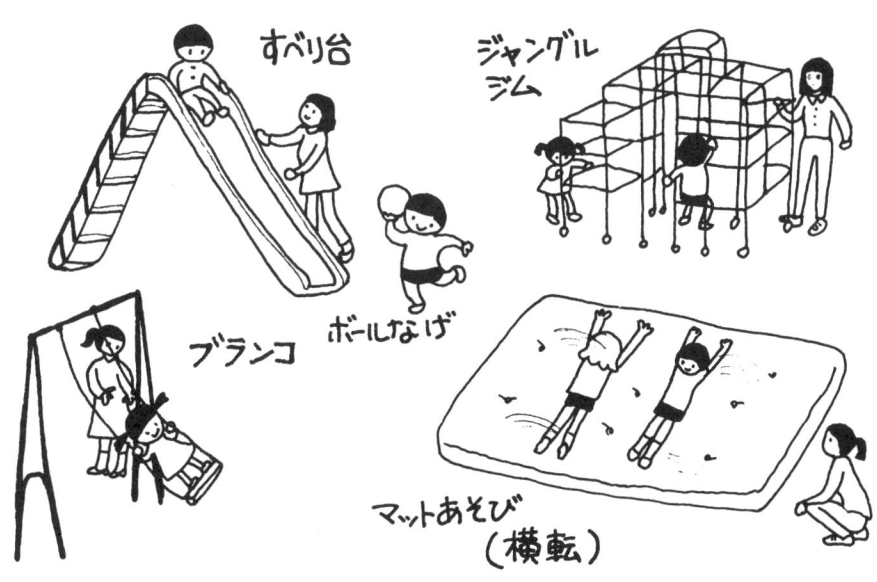

 いろいろな材料の性質を知り，それらを
生かして表現活動に意欲的にとりくむ

　生後3年から4年までの間に，対人関係，活動内容，こころのはたらきに大きな変化がおこります。まわりの人のすることをひとりで実行しようという意欲が強くなり，自分で行動するが，注意力はきわめて不安定なうえ，気をすぐに転じ，ひとつのことを途中でやめて別のことに手をだしたりすることが多くなります。しかし，子どもは一定の順序を守りながら，かなり複雑な行動をする能力をもっています。

　たとえば，ボールひとつにしても，1～2歳児はただころがすだけであったが，もうこの時期の子は目的となる対象とボールの特質を考えて使ってあそんでいます。ビンをならべて，それにボールをころがしあてるといったボーリングあそびとか，教師や友だちとボールの投げわたしなどの活動ができるようになります。

　子どもにとって，あそびが大きな位置をしめ，目的志向のある行動をかな

り長時間にわたっておこなえるようになります。そして，生活の中でも衣服の着脱，ボタンはめなどもでき，指先の働きも活発になります。指先，手の活動として，積木やさしこみはめこみで組立てるブロックには子どもたちは興味をもって集中してあそびます。その場合，子どもを孤立的にあそばせるのではなく，子どもたちとの交流，対話のできる状態のなかでおこない，きめた時間がきたら自分たちできちんと片づける習慣をつけることが大切です。

　また，大型の積木，ブロックの場合，つくるものの相談やつくり方などの会話を補助しながら，目的をもったグループあそびへと発展させるようにしむける配慮をすべきです。

　このような組立てあそびを通して，形，色の類似相違に気づかせ，構成のおもしろさをわからせ，子ども同士のおしゃべりを促進させ，ことばの意味の正しい理解をもたせていくようにします。

　あそびの場を広げ，みんなであそぶ楽しさをわからせるにはままごとごっこなど，ごっこあそびがいちばんです。ごっこあそびを展開するには，役割をきめたり，与える道具をきめたり，道具の使い方，順番，ことばのやりと

ひとりあそびから　目的をもったグループあそびへと発展させるようにする。
さしこみ
はめこみ

りなどを補助しながら，みんなが参加できるようにする配慮が必要です。

　ごっこあそびのためのおもちゃをみると，ぬいぐるみ人形やミニチュアの椅子や机が多いですが，与えるおもちゃによってもごっこあそびにおける子どもたちの想像力を育て，あそびの目標と役割をきめ，簡単な筋を考えだしたり場面設定を考える構想力を発達させます。また，積木や木片などの抽象形態のものをあそびのための舞台装置やいろいろに応用して使う能力を育てます。また，おもちゃを自主的に選び，まわりの人々の生活と活動を再現するような種類のあそびを助長するのもよいでしょう。

　そして，友だちに対して好意的な態度を育て，あそび方を相談しあうようなグループを形成するようにしむける必要があります。

　この時期の子どもたちはごっこあそびも複雑になってくると同時に，ことばによる描写にもとづいて，もののイメージまたはものごとの推移を思い描くことができます。そしてあとには，それらのイメージをあそびや絵のなかに再現できるようになってきます。

　造形活動においても，造形からあそびへすぐに移行することが多いようで

す。たとえば，粘土で自動車をつくるとすぐにブーブーといって走らせたりします。

　描画活動の場合でも，ただ筆に絵の具をつけて描くだけでなく，トントンポツポツ，ギュギュソロソロなど擬声・擬態語とともにリズミカルな確かな手の動きで表現させて，そのまま描きっぱなしでなく，それをあそびやお話に発展させていくのが望ましいです。

　また，この時期に数，かたち，大きさ，色などを造形活動のなかや，教授的なおもちゃによって習得していっています。数では「ひとつ・たくさん」，大きさでは「大きい・小さい・同じ，長い・短い，高い・低い，広い・狭い，厚い・薄い」，かたちでは「丸・四角・三角」，色では「赤・青・黄・緑のほか2色ぐらいの色名」などをわからせています。

　道具としてハサミの使い方を知らせるのも，この時期です。最初は1回切り（1回で切りおとす）から連続切り（長い紙をつづけて切る）をおこない，直線や曲線にそって切れるようになるまで指導しているが，ただ切らせるだけでなく，うまく造形的なあそびにとりいれて展開するといった多面的な取り口を考えて実践する必要があります。

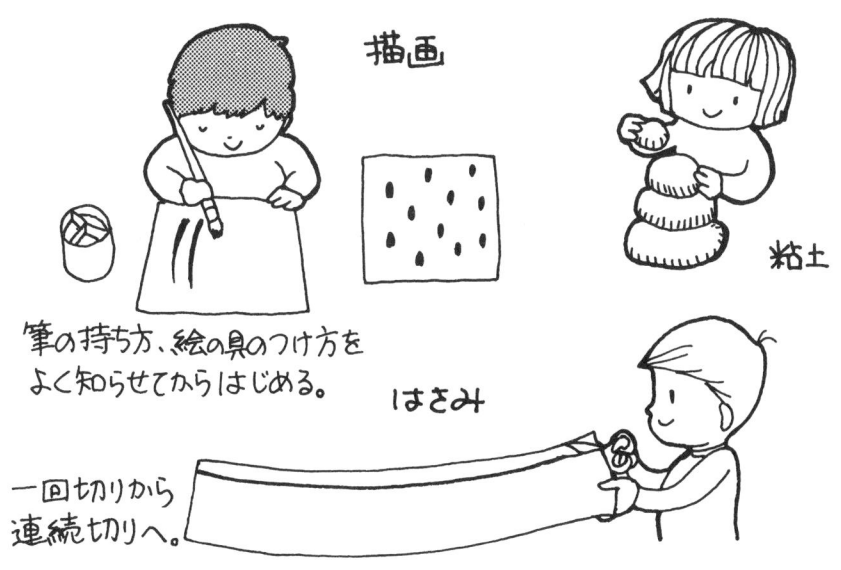

4歳児　自発的に友だちとあそびをみつけ，継続し発展させる

　生後4年から5年の子どもたちの特性としては，身のまわりのことができるようになると同時に，行動が意欲的になってくることです。そして，語いの数も多くなり，会話も必要に応じてたくみになり，友だちとのつながりも深くなり，また，ルールを守ることができるようになり，競争心がおきてくる。それゆえに，子どもたちの自発的活動を大切にして，それを伸ばしてあげる時期でもあります。

　この時期の子どものおもちゃをみると，1～2歳児のときよりかなり内容がかわってきて，子どもたちのまわりの事象を模倣するあそびのための小道具としての要素が多くなってきます。すなわち，子どもたちのまわりのものに対して関心をもたせ，理解させていき感情をもたせ，語いを豊かにしていくための道具であるといえます。

　しかし，それらの道具は市販のおもちゃのように具象物でなくても，ただ

の木片であってもいいわけで，それをあるものに見たてて使っています。それはアイロンになったり，舟になったりするのです。
　また，逆に実物の写真や絵を切りぬき，紙や箱や木片にはったり，積木にしたりして，その事物の形を正確に知らせ，それらを使ってのあそびの展開を考えさせるのもよいでしょう。
　自然への関心を発達させるために自然現象を注意深く観察して，それらの現象のあいだの基本的な関係をとらえる手引きとするために，絵本などを使っているばあいが多いようです。しかも，市販の絵本だけでなく，木の成長をたどる『だんだん大きくなる絵本』，たまごからひよこ，にわとりへとかわっていく『くるくるかわる絵本』など，具体的にやさしくわからせていくために，手づくりのものを保育者や母親がつくってあげたりしています。
　運動能力についても機能が分化して，ぎこちなさがなくなり，スピード感がでてきます。身体のバランスがとれるようになり，走る動作のなかにも制動のコントロールができて，さまざまな能力を試そうとするものがあそびのなかに見られます。

それから，表現活動においても興味をもち，集中力もかなり長くなる。そして，対象のかたち・構造・色についての表象を描画，粘土，紙工作，組立てなどで表現させ，調整のとれた手の動きを発達させます。描画材や紙，粘土などの材料を使っての表現活動は3歳から系統的に，単純から複雑へと構成を考えて指導するのが望ましいです。

　手づくりおもちゃもつくって与えるから，子どもとともにいっしょにつくるという展開が多くなる。たとえば，こまづくりで色をぬり，まわすことによる色の変化をたのしみ，色に対する知識をやしなう。おもちゃをつくってあそぶという行為を通して，ものの性質や色，かたちをわからせ，ごっこあそびの構成を考えさせていく実践がみられます。

　この時期において，数・大きさ・かたち・空間の把握を習得させるためにもおもちゃが使われています。たとえば，リンゴが1個，2個…………，また種類がちがうものと数えわけたりするのに，カードになっていたり，ぬいぐるみのものなどを使っています。4歳児では1から5までは確実に正しく習得させています。

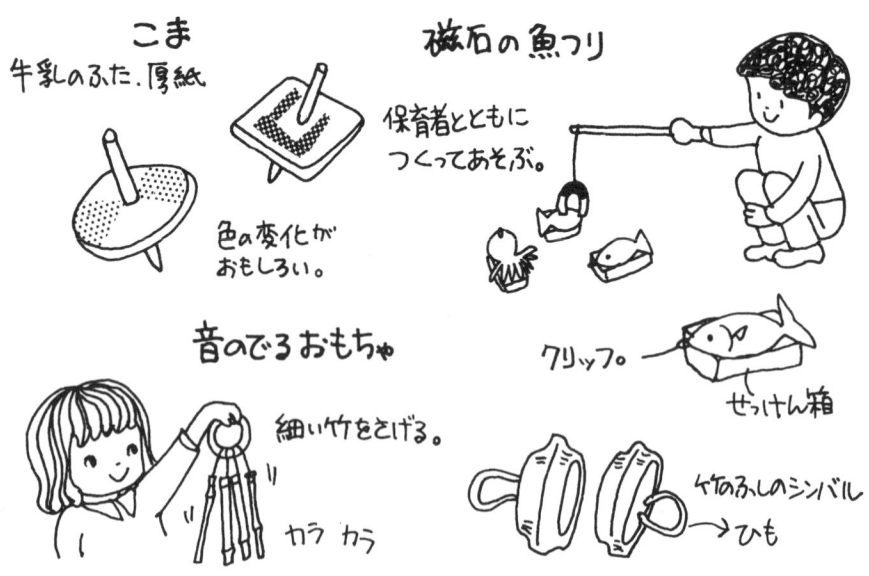

そして，ものの長さ・幅・高さ・厚さなどを大きい順に，または小さい順に並べたり，かたち（円，長方形，正方形，三角形）を区別し，その名称をおぼえ，同じかたちでも大きさがいろいろあることをわからせています。

　それから，ままごとあそびの道具や人形を使って，人形の前や後ろ，机の上や下，自分からみたものの位置をことばであらわすようにしたりして，おもちゃを使ってのごっこあそびのなかで空間の把握をおこなっています。

　絵あわせカードとかパズルカードをつかって，ものの構成をつかませるなどのあそびに興味をもたせ，最初は簡単であまりこまかくわけないものから与えていきます。また，同じカードに数字とものとの組合せとか，植物，動物，乗りものなどの種類別にわけたりして，身近なことについての認識能力を高めるためのあそびを展開させています。

　音楽的な感覚能力を発達させるためにリズムあそびをおこない，手づくりの楽器をつくって演奏をしたりしています。その場合は打楽器が中心です。

　子どもたちに，音の高さ，リズム，音色，強さによって音響を聞きわけられるように指導しています。

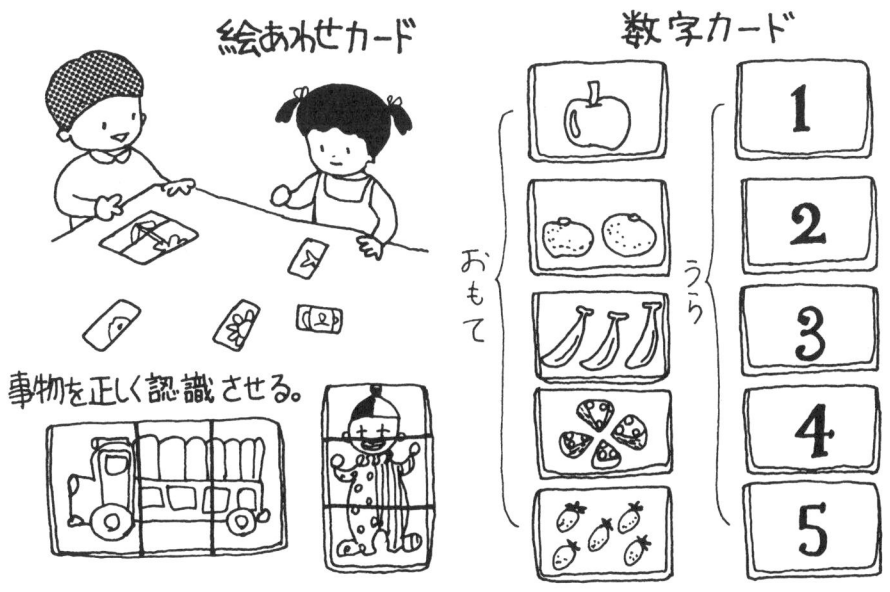

 仕事やあそびを分担し，その役割を果し，自発的に
工夫したりし，友だちとのつながりを深めさせる

　生後5年から6年の子どもは高次神経活動がさらに発達し，神経系の働きが高まってきます。動作はいっそう調和がとれ，また正確になります。基本的な運動機能とならんで，手首や指の運動がたくみになります。言語面においては，3～4歳ころにくらべおしゃべりが減少して，ことばと思考が結びついて，考えながら話すようになってきます。

　子どもたちのあそびとそのための道具をみてみると，なわとびなどは運動と身体の関係が理解でき，からだをどのように動かしたらうまくできるか，工夫したり，努力したりする面がみられます。輪なげも腕のコントロールが要求され，集団で使えて4～5歳児にふさわしいものといえるでしょう。

　この時期は筋力の発達も増大し，男女の差，利き手がはっきりしてきます。それらは鍛練のしかた，指導方法に大きな関係があります。

5歳児において，子どもたちの好みと関心に応じて，いろいろなごっこあそび，造形的なあそび，活動的なあそび（ひとりあそびと集団のあそびの両方）をおこなわせ，それらのあそびを通して，集団的活動におけるふさわしいふるまい方を学び，探求心と認識能力を発達させ，運動能力を向上させるのが，大きな課題です。

　そのためには保育者は，子どもに自分であそびの構想を考え出してそれを実現する能力，自分の動作を仲間のそれと調和させる能力，あそびのテーマとルールにしたがって行動する習慣などを，ひとりひとりの子どもに発達させなければなりません。また，さまざまなあそびグループが形成されるように助勢する必要があります。

　ボールによる集団あそびだとサッカーやドッジボールをしているところが多いようです。5歳児だと，体育的あそびで敏捷性を高め，筋力の増大をはかっていることが多く，それから，組立てブロックのように手先の活動においても，たくみになり，平面から立体をつくりあげ，ものを使いなれると，かなり複雑な立体をつくり想像力をひろげていきます。

立体を構築していく。　ルールのある集団競技をおこなう。

サッカー

ねじあそび

運動能力を高め合うのと同様に，造形活動に親しむのも大切です。ひとりひとり絵を描いたり，粘土，紙工作をおこなっていますが，この年齢だと集団による共同制作というかたちでも展開されることが多いです。共同画などもおこなっているところが多いですが，多面的な活動がふくまれている劇あそびは保育のなかでとりいれたいものです。

　劇あそびはことばと動作による表現力を発達させるのに役立ち，物語を通して自然現象の現実的な理解，探求心，観察力，論理的な思考を育てます。そして，音楽をいれたり，劇あそびに使う小道具をつくったりする総合教育として，劇あそびは活用したいものです。

　おもちゃは身近にあるものを工夫して使ってつくるという配慮が保育者に必要でしょう。たとえば，散歩に行き，河原の小石を拾ってきて，かたちを考えながら，絵の具で目鼻口を描いて小石人形をつくり，お話づくりをしたり，また，木の実が落ちていたら，やじろべえとか首かざりをつくったりといった自然とのふれあいのなかで，ちょっとした工夫をして，つくってあそぶ活動は大いにおこなうべきです。

この時期の子どもたちは家庭で文字を教えられている子が多く，絵本の文をかなり読める子がいます。文字に対する興味が強いので，手づくりのかるたをつくり，まわりの事象をことばと文字を結びつけて理解させたり，また，しりとりあそびでことばさがしをしてもおもしろいでしょう。

　5歳児では数は10までの範囲をきちんとわからせるようにします。音を耳で聞いて数えたり，ものにさわって数えたり，数量をいろいろな方法で表現させ，生活と結びつけて，数量の表現のしかたを理解させます。

　保育者はあそびを用いて，子どもたちの感覚教育をおこない，認識過程を発達させます（単純な現象のあいだの関係の理解など）。また，思考・ことば・想像力・記憶力を発達させ，周囲の現実についての表象を拡大し定着させるための手段として，あそびを利用します。おもちゃはあそびのなかで子どものからだの発達のために望ましい条件をつくるための道具です。そして，あそびをつくるために必要な道具をつくらねばなりません。

　あそびにおける運動内容の多様性を考え，活動的なあそびと静かなあそびの交代に気をくばるのも保育者の大事な役目といえます。

●現場からの質問に答えて ①

> 教具として,ぬいぐるみを買うのですが,どんなものがよいでしょうか。また,手づくりでつくる場合,どんなところに気をつけてつくればよいですか。

1～2歳児がよくあそぶ
ぬいぐるみをいちばん好んで使っているのは1～2歳の時期で,4,5歳と年齢があがるにつれ,利用度が減っていくようです。ぬいぐるみを種類別にみますと,動物のかたちのものが圧倒的に多いです。

ぬいぐるみの役割
ぬいぐるみが幼児に果している役割を考えますと,主に4つのことが考えられます。

① 抱くことにより気持ちを安定させたり,物を大切にするやさしさなどの情緒を育成する。

② 人形劇に使って話しかけたり,ひとりあそびのときなどに会話をもつなど,ことばを誘発させ助長する。

③ 衣服の着脱に興味をもって,ボタン,ホック,ファスナーなどの日常生活における機能訓練をさせる。

④ ぬいぐるみを使っておとなの模倣をすることで,まねをしたいという欲求を満足させ,生活のさまざまなしくみを自然に身につけることができる。

ねらいをきめてから選ぶ
以上のような役割から,どれをねらいとして選ぶかによってちがってくると思います。たとえば,①を目的とするならば,抱きやすい大きさとスタイルを考えなくてはなりません。四本足立ちよりも二本足立ちスタイルの方が抱きやすくもちやすいです。②を目的とすれば,お話がつくれるような種類のものをそろえて買う必要があります。③の場合,ボタン,ホック,ファスナー,ひもとおしなどの機能訓練を意図したぬいぐるみも市販されています。④の場合,たたせたり,すわらせたりしやすく,衣服の着脱ができ,おんぶしやすいかたちのものをあげるとよいでしょう。

II

手づくりおもちゃを使った保育の実際

　　乳幼児期には子どもの感覚器官がいちじるしく発達し，身体活動は活発になっていきます。そして，ことばを身につけ，集中力，記憶力，思考力，想像力が発達します。

　　乳幼児教育者はそれらの多面的な発達をささえるためのあそびを展開させ，子どもたちそれぞれの特性を考慮して適切な指導をしていかねばなりません。

　　そのためII章では，子どもの発達に相応したあそびの環境をつくり，あそびがより発展的におこなわれるような手づくりのおもちゃをいかにつくり与えていくか，その具体的な実践例を紹介します。そして，その実践例に関連ある手づくりおもちゃ例を参考としてあげてみました。それぞれの教育現場での環境と条件を考慮したうえ，応用し，工夫して子どもの多面的な発達のため，役立てられるよう期待します。

にぎる力 つかむ力がつく

生後6～9カ月児のための手づくりおもちゃ

	ねらい	つくり方
1 生後6～7カ月	・音に注意を向けフェルトの感触をたのしむ。 ・ボタンの動きに注意を向ける。 ※ボタンやすずを誤飲する可能性があるので、必ず保育者が見ているところで遊ばせること	① ペットボトルのふた4コを重ね、ビニールテープで巻きとめる ② ①をフェルトでくるむ 長さ4cm 白もめん糸 大きくて厚みのある色の美しいボタン ぬいあわせる すず
2 生後6～7カ月	・ボタンの動きに注意を向け、にぎる活動をおこなう。 ※ボタンやすずを誤飲する可能性があるので、必ず保育者が見ているところで遊ばせること	わりばしを3ぜん分、13cm長さに切りそろえる。 セロハンテープでまいて、フェルトでカバーする。 白もめん糸でボタンやすずをぬいつける。

生後6～9カ月ぐらいの子に，ものをさわる，にぎる，もつ（両手で，片手で），振る，つまむといった手，指先の活動を助長するねらいで，手づくりのおもちゃをつくってみた。これは，色，形，重さ（量），動き，音，感触の要素を考え，いろいろつくって試験的に与えてみた報告である。

子どもの姿	反省と評価
・保育者が振ってみせ，その動きになんとなく目をやっている。 ・にぎらせてもすぐにはなしてしまい，持続しないが糸の部分には関心を示し，少しの間にぎっていられた。 ・口もとに運んでのしゃぶりあそびが目立つ。	・ボタンがあったため，にぎることを覚え，動きをたのしむことを知った。 ・フェルトでおおったため感触はよいと思ったが，この月齢ではしゃぶることがさかんなために衛生面に問題が残った。
・どの子もフェルトの部分をにぎりしめ，振れ動くボタンをみている。 ・ボタンを口の中に入れてしゃぶってあそぶ。	・太さが子どもの手に適していたためか，好んでにぎるようになった。

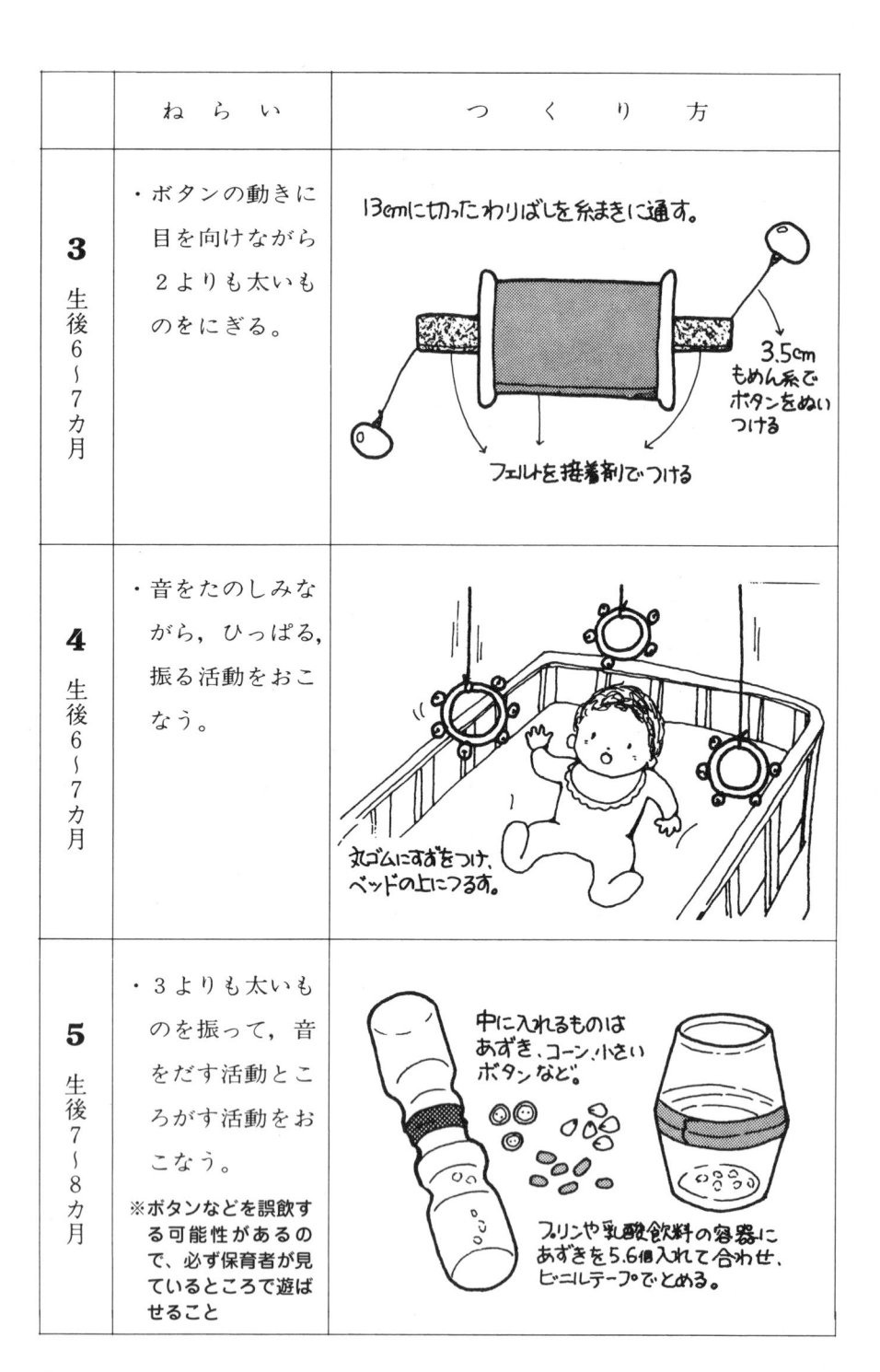

	ねらい	つくり方
3 生後6〜7カ月	・ボタンの動きに目を向けながら2よりも太いものをにぎる。	13cmに切ったわりばしを糸まきに通す。 3.5cmもめん糸でボタンをぬいつける フェルトを接着剤でつける
4 生後6〜7カ月	・音をたのしみながら，ひっぱる，振る活動をおこなう。	丸ゴムにすずをつけ，ベッドの上につるす。
5 生後7〜8カ月	・3よりも太いものを振って，音をだす活動ところがす活動をおこなう。 ※ボタンなどを誤飲する可能性があるので、必ず保育者が見ているところで遊ばせること	中に入れるものはあずき、コーン、小さいボタンなど。 プリンや乳酸飲料の容器にあずきを5.6個入れて合わせ、ビニルテープでとめる。

子どもの姿	反省と評価
・糸まきの部分を片手でにぎりしめる。 ・手首を振って、ボタンを動かす。	・少し太かったがにぎろうと努力して、にぎる力がついてきたようだ。 ・ボタンを動かすために手首を使って振ることがわかったようだ。 ・あそびの持続時間が少しずつ伸びてきた。
・手を伸ばせばかんたんにとれるので、どの子も喜んで意欲的に自分からさわってたのしんでいた。 ・目線からはずれたところにある鈴（ベッドの横）にはあまり手をださなかった。	・ゴムのため、かんたんに手元にひきよせられ、ベッドという精神的に安定した場所につるしたためかよくあそんでいた。 ・つるす位置が問題で、目線からはずれた位置につるしては意味がない。
・はじめは両手でやっとつかんで、しゃぶりついたり、中のボタンをのぞきこむようすがみられた。しかし、だんだんと手でつかめるようになり、振って音をだしてたのしむようになっていった。 ・保育者がころがしてみせるだけで子どもたちはころがすことができなかった。	・なかが透明でみえるので、音とともにボタンの動きがみえるのがよかった。 ・もつには太いように思われたが、重さが軽いのでもてるようになったと思われる。

	ねらい	つくり方
6 生後7〜8カ月	・ボタンをつまんで缶の中にいれるという指先の活動をする。 ※ボタンなどを誤飲する可能性があるので、必ず保育者が見ているところで遊ばせること	ヨーグルトの容器にビニルテープをまく。 5cmもめん糸 ボタンのかわりにおはじきでもよい。
7 生後8〜9カ月	・缶をふって音をだし、ボールをつまむ、振る活動をする。	底にマジックペンでもようをかく。 プリンの容器を2個かさねてあずきを入れる。 フワフワボールをつけてビニルテープでとめる。 10cm〜15cm
8 生後8〜9カ月	・ゴムを伸ばして棒にくぐらせて指、手の活動を活発にする。	わりばしろぜん 15cm 丸ゴムにむすんだリングをはさむ。 ビニルテープをまく 5cm　8cm

子どもの姿	反省と評価
・振って音をだしたり，ボタンをなめる姿が目立つ。	・缶とボタンがあたる音はよいが，つまんで缶にいれるというあそびがのみこめず発展しなかった。 
・ボールのみに興味を示し，にぎったりしゃぶったりしてあそぶ。 	・ボールがフワフワと柔らかく感触がよかったせいかボールのみに興味が集中して，振って音をだしたりつまんで缶にいれることができなかった。 ・ねらいをひとつにしぼった方がよかったと思われる。
・振りまわしたり，棒のところやリングをかじってあそぶ。	・あそび方がまだのみこめず，技術的にも高度すぎたように思われる。 

(実践　旭ケ丘保育園)

指の動きが活発になる《1歳》

❦ つなぎお手玉 ❦

―用意するもの―
あまり布5～6種類，針，糸，ハサミ，
コーン（1個につき50g）

◈ **指導の前に考えたこと**

　1歳児10名，2歳児5名，計15名（保育者3名）で0歳児から保育された子がほとんどで集団には慣れており，遊びは男の子9名，女の子6名というなかで，男の子がリーダーシップをとり，動きが活発である。

　遊具としては，ブロック，お手玉，積木，ボール，穴とおし，木工玩具などで，はじめのあそび方は，ただ投げたり，つんだり，くずしたりで，しだいにあそびのなかで友だちとつなぎ合わせたり，並べたり一緒に集中して行動できるようになった。

　そこで，私たちはいつも使っているお手玉を長めにして，大きめのボタンをつけて，お手玉をつなげて遊べるように考えてみた。それにより，ボタンのつけはずしという生活習慣（脱着）に役立てば一石二鳥である。

◈ **導　　入**

　子どもたちのなかにはいって，「ほーら，みてごらん，くっついちゃったよ，いくつになったかな，どんどん長くなっちゃった，汽車ポッポみたい」と話しかけながら，ゆっくりつないでいく。また，お手玉のように投げて受けたり，頭にのせたりして，保育者がいろいろなあそび方を誘導していくと，まねをしながらあそびはじめた。

◈ **展　　開**

　丸いお手玉とちがって長いので，はじめて与えたとき，たいへん興味をも

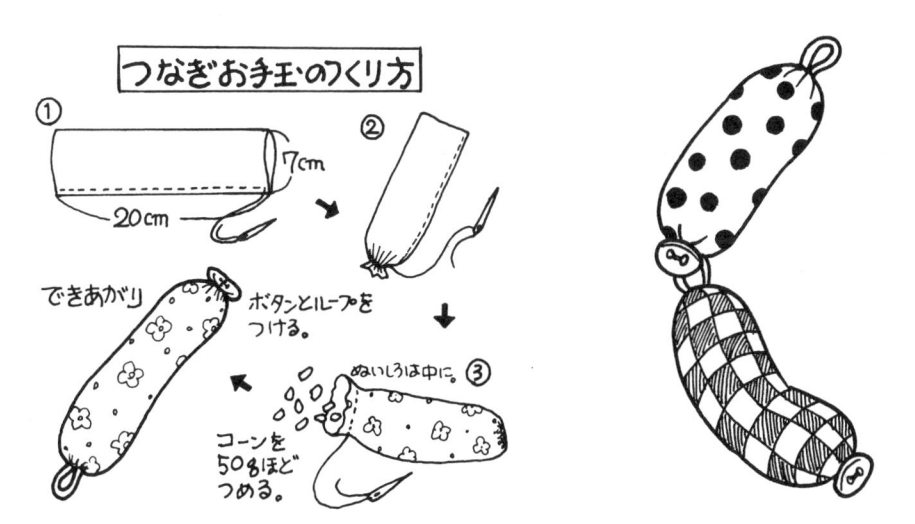

ち，うばいあうほど喜び，夢中になっていた。2～3個つないで（つなぐのには時間が少しかかるが）頭にのせたり，4個つないで首かざりにしたりする。また，スムーズにボタンかけができる子は，5～6個つないで「ポッポー」と口でいいながら保育室をかけまわる。

しかし，なかなかつなぐことのできない子は「センセイ……これ──」といってかかえてもってくる。「○○ちゃんしてごらん」とボタンのかけ方を，手をもって教えるがなかなか思うようにいかず，半分以上は保育者の手をかりて完成する。また，はじめからボタンかけを放棄する子もいて，お手玉を頭にのせて歩いたり，ボタンをかけず並べたりして遊ぶ。

数回くりかえすうちにつなぎ方も上手になってくるが，つないだものをケンカ？になって両方で引っぱり，ボタンをちぎってしまったり，ふりまわしてとなりにいた友だちにぶつかって泣かせたりしていた。ときどき，あきてくると粗雑になるので別な遊具（ままごとセットなど）と組み合わせてみると，人形になったり，食べもの（バナナとかイモ）になったり，意外にいろいろな遊びに発展した。

◆ 留 意 点

- お手玉の大きさと中につめる量に気をつけ，つめすぎて重くしないこと。
- ボタンの大きさとループの大きさに気をつけ，無理のない大きさにして目的が達成できるようにする。　　（実践　旭川・わかば保育園　木村弘美）

関連あるおもちゃ

ボタンかけやスナップ止めを応用して、つないであそびます。

つなぎ方によって三角、四角になったり、いろいろな色のものをつくると色の組み合せにより、できあがりの変化がたのしめます。

また、どちらが早くつなげるか競争しながら、ボタンかけやスナップ止めを習熟させていきます。

輪つなぎのつくり方

ボタンホール

あそび方

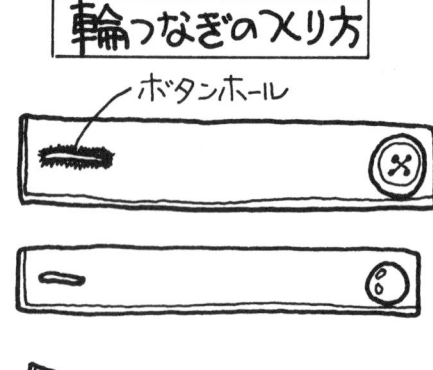

フェルトを帯状に切ってスナップやボタンをつける。

どちらが早いかつなぎっこ。

ヨーイ．ドン！

関連あるおもちゃ

かわりお手玉のつくり方

星型お手玉

こんなお手玉はどうですか。星のようにとがったところは，指先でつかみやすく，顔をつけるとおもしろくなります。

くつしたやてぶくろを利用すれば簡単に，かわったお手玉ができます。0～1歳児にふさわしいお手玉です。

布を2つ折りにして星型に切る。

中表にしてぬい，ひっくり返してあずきヌはコーンをいれてとじる。

顔をフェルトでアップリケする。

くつしたお手玉

くつしたに中味をつめすぎないように。

てぶくろお手玉

顔はアップリケで。

関連あるおもちゃ

毛糸であんだお手玉です。肌ざわりがよく、そんなに大きな音はしません。ひもをつけてカバンにつければアクセサリーになります。

顔の目や鼻の位置や色をかえていろいろつくれば、たのしくお手玉あそびができます。

人形お手玉のつくり方
※中細毛糸、かぎ針2号使用

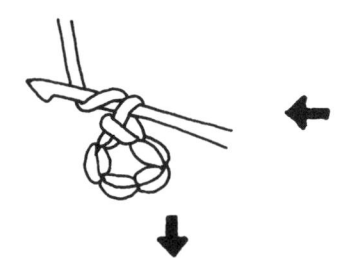

あみはじめ

くさり4目でわにする。

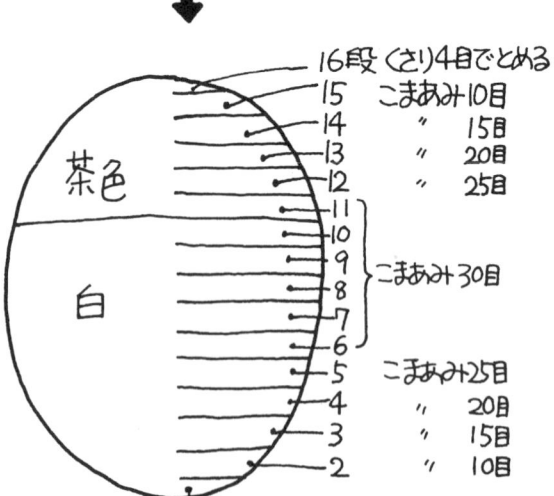

16段 くさり4目でとめる
15 こまあみ 10目
14 〃 15目
13 〃 20目
12 〃 25目
11
10
9   こまあみ 30目
8
7
6
5 こまあみ 25目
4 〃 20目
3 〃 15目
2 〃 10目
1段目 くさりあみ4目

茶色
白

とちゅうで あずきかコーンを入れる。

顔はボタンで。両はしに茶色の毛糸でおさげをつくってむすぶ。

🌲🌲🌲🌲🌲🌲🌲🌲🌲🌲🌲🌲🌲🌲🌲🌲 関連あるおもちゃ

ジャンボお手玉のつくり方

投げあって，両手で受けるといった全身であそぶジャンボなお手玉です。

ボールのようにころがることはなく積木のように使うこともできますし，また，ごっこあそびにも使える，幅広く使える遊具になります。

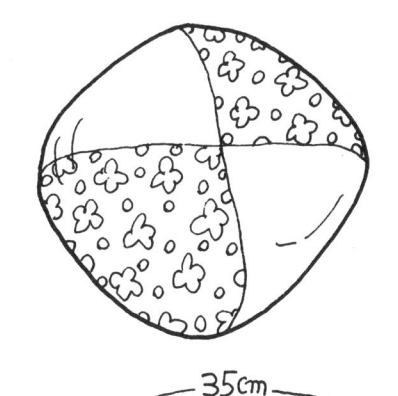

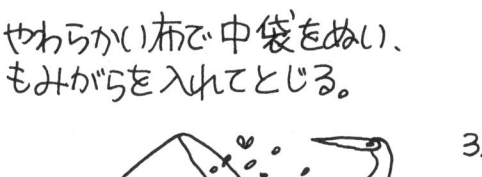

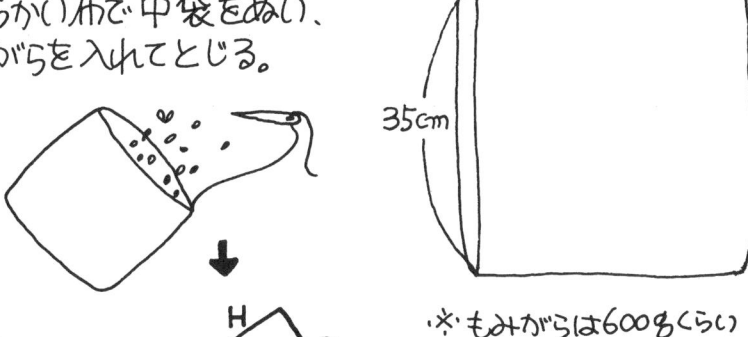

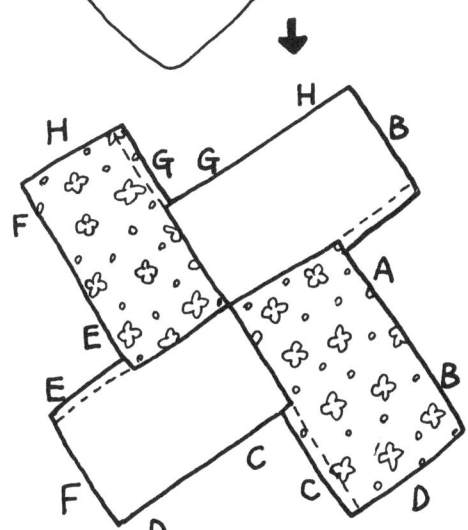

やわらかい布で中袋をぬい，もみがらを入れてとじる。

35cm
35cm

※もみがらは600gくらい

たて30cm よこ15cmの布を4枚，左のようにあわせ，中袋を入れてAから順にぬいとじる。

ことばの理解を発達させる《2歳》

❧ なかまカードあつめ ❧

― 用意するもの ―
白ボール紙（八ツ切を8等分にする），
フェルトペン各色

◈ **指導の前に考えたこと**

子どもたちの身近にあるもの（日常よく使われるもの）を選び，わかりやすい絵にする。

◈ **導　　入**

5種類（果物，野菜，自動車，動物，花）に分類して，子どもひとりが1枚はひろえるように各7枚ずつつくる。そして，1枚ずつ見せてカードに何が描かれているかたずねる。（例：りんご，だいこん。）

◈ **展　　開**

幼児用机を2つほど用意し，その上にそれぞれのカードを散らし，まわりからひろえるような条件を設定する。

① 単品さがし

教師が「りんご」「だいこん」などといったものを，子どもたちはさがしてひろう。

子どもたちは，どこに何があるか真剣な目でカードをみつめている。単語がいわれると同時に，目を皿のようにして，他の子どもにとられまいと両手を広げみつけようと必死である。みつけたときは「ハイ！」とカルタとりのように手をつきひろう。

十分あそんだ後「なかま」わけをさせる。（動物のなかま，花のなかま，野菜のなかま，など。）

カードのつくり方（例）　※白ボール紙八ツ切を8等分（9.8×13.6cm）

| 果物 | 野菜 | 乗物 | 動物 | 花 |

② なかまさがし

「果物のなかま」「野菜のなかま」など，いわれたものをさがしてひろう。一応，「なかま」わけはしたもののわからないものもでてくる。そんなときは「まだあるよ」などのことばかけをしてさがさせる。それでもみつけられないときは，適当にヒントを与えたりする。

はじめは保育者がリードしておこなうが，慣れてくると子どもたち同士ではじめる。あそびが理解できてきたら，なかまの種類もふやしていく。魚のなかま，お菓子のなかま，帽子のなかま，靴のなかま，などを用意しておく。

◈ 留 意 点

・落ち着いて集中できる雰囲気をつくる。
・スペースは，あまり広くとらず，手を伸ばせば必ずだれかがとれるくらいにする。
・気にいったカードは，はじめからもちたがるので，ルールをわかりやすく説明する。
　（女児は「花」「果物」など，男児は「自動車」「動物」などをもちたがる。大事にもつことは悪いことではないが，ゲームのときはルールがあることを理解させるようにする。)

（実践　東京・上原保育園　丸山智子）

関連あるおもちゃ

カルタはものとことばをむすびつけ，文字に興味をもったりします。そして，集団でルールを知り，守って，とったカルタの数をかぞえたりといったさまざまな要素をもったあそびです。

カルタに描く絵は簡略化して描いてもかまいません。

大きなカルタのつくり方

古くなった絵本やカレンダーを切りぬいて厚めの紙にはる。

何人かで絵本を持ちよってカルタセットをつくりましょう。

はなれたところでみてとります。

関連あるおもちゃ

子どもたちのごっこあそびをより発展的に構成させるためにも、具象物の紙写真を切りぬいてつくります。

種類別にわけて箱にいれておきます。いつでも子どもたちのごっこあそびにつかえるところにおいてあげましょう。

紙人形

古くなった絵本、カレンダー、週刊誌を切りぬいて厚紙にはりつける。

動物

乗物

少し大きめの厚紙にはる。

台所用品

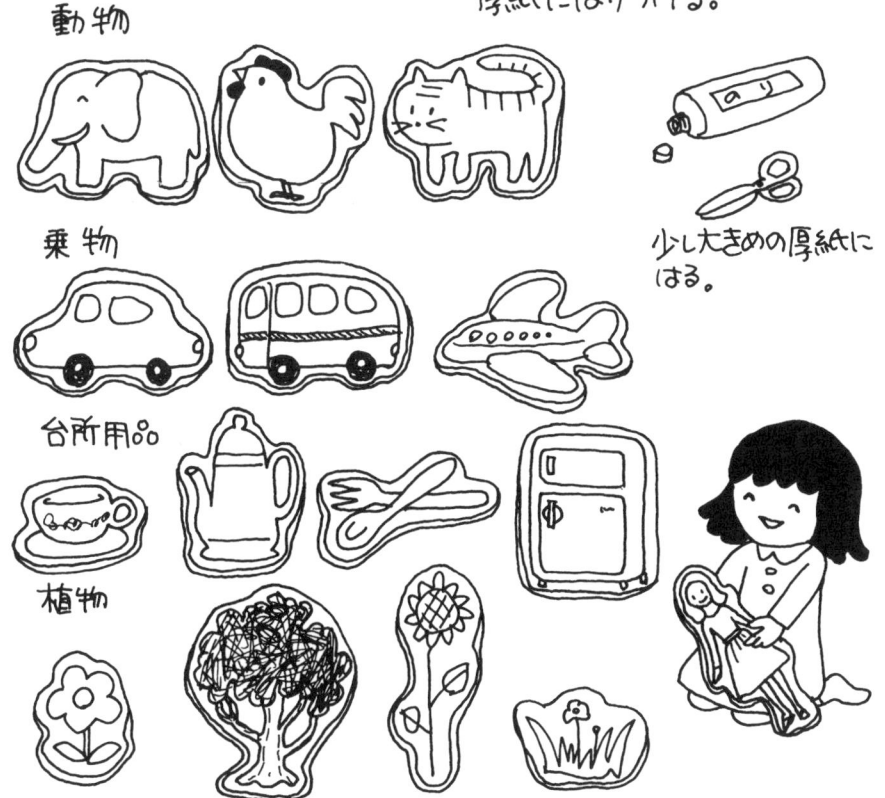

植物

関連あるおもちゃ

同じものを選ぶというあそびですが，ものの絵でそのものの名称がわかり，名称の文字がわかるようになってきます。

しかし，年齢によってやり方をかえれば，2歳児ぐらいから利用できます。

カード絵あわせのつくり方

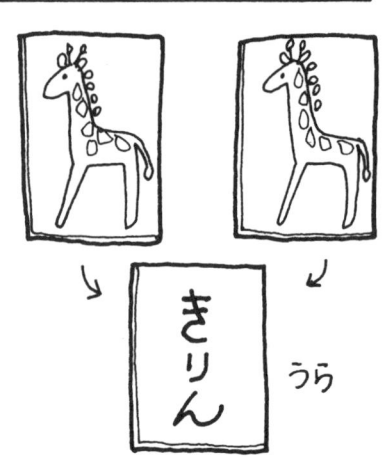

厚手の画用紙に絵をかいて、同じカードを2枚ずつつくる。うらに字をかく。

同じカードのうち1枚はひとりひとりが何枚ずつかわけて持ち，のこりをならべる。

「はじめ！」のあいずで手もとの絵と同じものをひろってあつめる。

関連あるおもちゃ

いわゆるパズルですが、厚紙に絵をはるか、直接描いて切りはなす場合があります。

年齢を考慮して切りはなしてください。最初は3枚ぐらいに切りはなして、少しずつ4枚、5枚としていくのが望ましいです。

絵あわせのつくり方

あき箱

せっけんの箱にあわせてカレンダーなどの絵を切ってはる。

厚紙

厚紙に絵をはるか、直接かいて切りはなす。

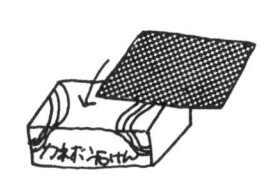

うらに色紙をはっておくと色ならべのあそびにもなる。

ことばが身についてくる《3歳》

❀ かくれんぼ ❀

──用意するもの──
あまり布, フェルト, ししゅう糸,
もめん糸, 針, ハサミ, 毛糸

◆ 指導の前に考えたこと

・子どもの好きな動物や興味のあるものを数多く用意する。
・お話づくりができるように, 関連のもてるものをそろえておく。

◆ 導　　入

保育者が, かくれんぼのおもちゃをもって数人の子どもの前でみせながら, ミニ手袋でひとつひとつかくして「何をかくしたでしょう」と問いかけてみる。そして, 子ども自身がかくしっこや色あてあそび, 位置を動かしてのお話づくりへとあそびを発展させるようにしむけていく。

◆ 展　　開

保育者の, かくれんぼのおもちゃをみせながらの「これ, なあんだ」ということばかけにより, 子どもたちがかくれんぼのなかの動物について, 自分の経験や意見をはなしはじめた。──「ボクこのあいだ, どうぶつえんでゾウさんみたよ。」「カメはあるくのおそいんだよ。」

そして, ぼくもやりたい, わたしもやらせて, と子ども中心のあそびになり, かくれんぼごっこがはじまる。最初はそのままの位置でものを動かさずに, かくしてあてるといったあてっこあそびをする。あたり, はずれに関係なく喜んで子どもたちはおこなっていた。

何回かくりかえしてあそんでいるうちに, ものの場所を覚えてしまうと,

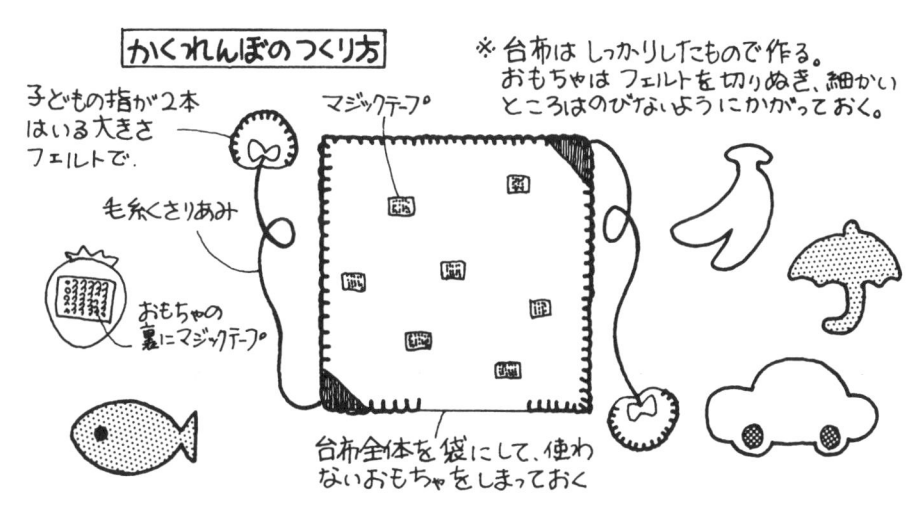

かくれんぼのつくり方

※台布はしっかりしたもので作る。
おもちゃはフェルトを切りぬき、細かいところはのびないようにかがっておく。

子どもの指が2本はいる大きさフェルトで。

毛糸くさりあみ

マジックテープ

おもちゃの裏にマジックテープ

台布全体を袋にして、使わないおもちゃをしまっておく

　裏にマジックテープがついているので，とりはずして位置を移動して，変化をつけてあそぶようになってきた。
　また，かくれんぼするものを種類別にわけて，あてっこあそびをする。
（動物だけ出して，他の種類のものは台布のポケットの中にしまって，あてっこをする。）
　それから，かくれんぼの名前あてごっこでなく，色あてごっことなり，かくしてあるものの名前がわからなければ，色も思い出せなくなるので，あそびも複雑化してきた。そして，動物や食べものを使って，お話づくりをしながら，かくれんぼあそびへと発展していった。
　「ウサギさんとカメさんがかけっこしたの。そうしたら，ウサギさんがかったから，ソフトクリームをたべさせてあげたの。そうすると，トンボさんがとんできて，わたしにもたべさせといってソフトクリームをなめちゃったんだよ。」

◈ 留　意　点
・取りはずしするものの形は，何回も手でひっぱるので簡単にする。
・はりつけるものは紛失しやすいので，台布のポケットにしまっておく。
・台布の両端のミニ手袋は子どもの指先にあう大きさにする。

（実践　千葉・白鳩保育園　小林恵美子）

関連あるおもちゃ

貝のうらにはった色紙で，形，色を「神経衰弱」のゲームのようにあわせていきます。

年齢にあわせて，うらがえさないでさがし当て，それを2種類，4種類とふやしていきます。

色や形の識別や記憶力を高めるあそびができます。

貝の色、形あわせのつくり方

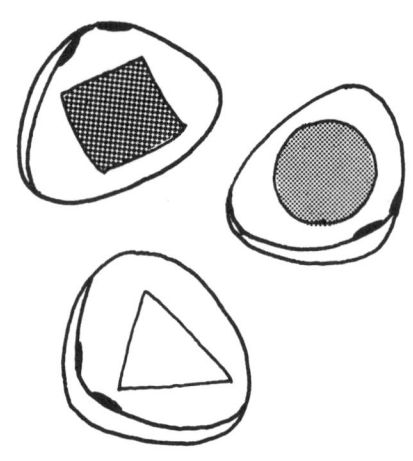

あさりのうらに赤、青、黄、緑の色紙を三角、四角、円などにきったものをはる。

あかいのは？
しかくは？
あおのまるは？

色紙をはったほうをふせておく。

🌲🌲🌲🌲🌲🌲🌲🌲🌲🌲🌲🌲🌲🌲🌲🌲🌲🌲🌲🌲 **関連あるおもちゃ**

さあーて、こんどはだれがでてくるかな。お父さんかな、お母さんかな。かんたんなお話とともに、1〜2歳児の注意と興味をひきつけ、ことばをおぼえたり、次はだれだろうと期待させるあそびです。

いないいないバァー

紙コップをかさねる。

紙コップに布をのりではり、シールや絵の切りぬきをはる。

こんにちわ

コンニチワ！

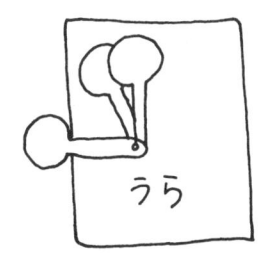

うら

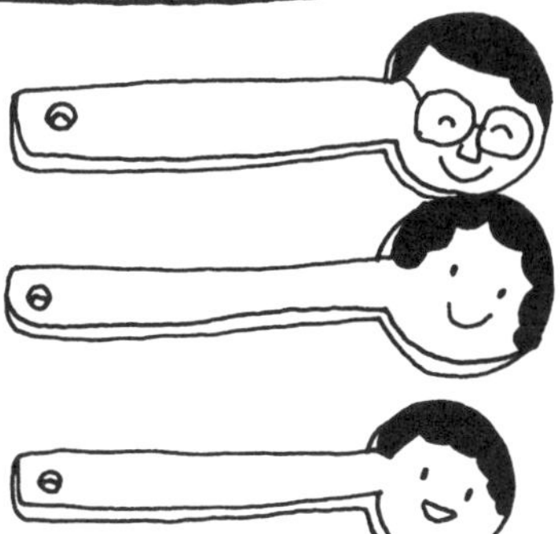

厚紙に顔をかき、3枚かさねて鋲でとめる。

家は厚紙に絵をかく。

ごっこあそびの幅をひろげる《4歳》
❈ おうちごっこの柵 ❈

---用意するもの---
牛乳の空パック(1000ml)，太筆，ニス，
ポスターカラー，毛糸，かぎ針，もみがら，
ホッチキス，ビニルテープ，ノリ

◆ **指導の前に考えたこと**

子どもたちのごっこあそびがさかんになってきたが，部屋がせまくて，あそびのコーナーが固定できない。そこで，ままごとやおうちごっこができる即席コーナーをつくりたいと考え，子どもたちとともにつくることにした。

◆ **展　　開**

3歳児の一斉保育の時間に，おうちをつくろうと提案してみると，子どもたちはつくろうとのり気だった。そこで，集めておいた1000ml用の牛乳パックを与え，そのパックに色をぬることからはじめた。

ポスターカラーを用意して，太筆を与え，パックの上の方をもって上から下へとぬるのですが，今までの描画指導でおこなったことなので，個人的にだけ指導をした。ただ，筆がバサバサにならないように，水をつけすぎないということを注意した。濃いと淡いの区別がやっているうちにわかったらしく，水入れはほとんどにごらなかった。

しかし，ひとりの子は筆の使い方や水の使い方が悪く，他の子は自分のをぬりながらよくみているもので「○○ちゃんのぐちゃぐちゃだよ」とおせっかいをやく。本人もいわれる前から気にしていたらしく「うまくできない」と助けを求めてきた。そこで，保育者がやってみせたり，友だちがやっているのをみせて，ぬり方を説明してからぬらせると前よりはよくなったようだ

おうちごっこの柵のつくり方

のりづけして
ビニルテープで
とめる。

もみがらを
つめる。

もみがら

かわいてから
ニスぬり。

ポスターカラー
をぬる。

牛乳
1000
mL

太い毛糸のくさりあみで
むすんで、12コ
ほどつなぐ。

ビニルテープで
固定する。

　った。30分のうちに、ひとり2個ずつぬったが、柵をつくるにはまだ数がたらないがその日はやめた。

　2、3日して自由遊びのときにテーブルをだして、保育者ひとりで色ぬりしていると「私もやる」と寄ってきて、4歳児も加わって「おうちをつくるんだよ」と子どもたちの目がかがやき、仕事ははかどった。ひとりで何個もつくりたがり、やめようにもやめられなくなった。

　また、2、3日して乾いてから、こんどはニスを色ぬりと同じようにぬっていった。全部ぬり終わって乾いてから、なかにどんなものをいれるか相談して、近くの農家でもみがらをもらっていれることに決まる。もみがらを入れて、封をしてから、なるべく太い毛糸で編んだヒモのまん中からパックをひとつひとつ結び、ビニルテープでとめてできあがり。

　この柵は入口がどこにでもなり、開け閉めできるのでとても便利だが、重みがたりないためか、たおれやすいのが難点である。しかし、柵があるだけで、ごっこあそびの雰囲気がちがってくるようである。

（実践　秋田・上岩川保育園　伊藤真知子）

関連あるおもちゃ

　パック入りの牛乳を使っている園は多いようです。空パックがかなりの量です。それを使ってごっこあそびのための道具をつくります。パックをつないでブロックべいみたいにして，あそびのコーナーをつくります。1〜2歳のクラスにふさわしいようです。

パックの柵

1000mℓのパックをつなぎ，両面テープではりあわせる。

↑
はしは うしろ向きにつなぐ。

おうちごっこ

関連あるおもちゃ

パックの積木

パックの柵をつくるように積み重ねて、あわせて、立方体や直方体のものができます。そのあと紙をはり、ニスをぬるとじょうぶできれいなものができ、十分積木として使えます。

1000mlパックをつないだものを、あわせてガムテープでまき、紙をはる。

← はしは うしろ向きにつなぐ。

いろいろな紙をはってみましょう。

関連あるおもちゃ

パックの積木に少し変化をつけていすをつくりました。パックの積木を机にすれば二点セットになるわけです。そして、まわりをパックの柵でかこめば、牛乳パックでつくったあそびのコーナーができます。強度からみて、1〜2歳クラスで使うのがいちばん適当のようです。

パックのいす

つないだパックを両面テープではりあわせる。

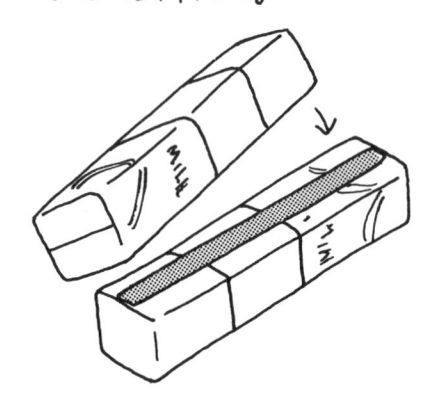

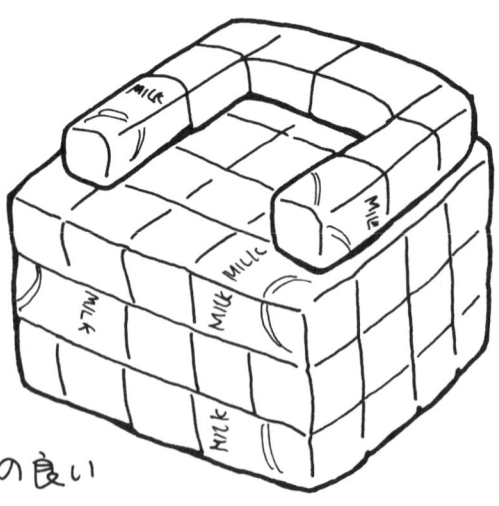

じょうぶで すわり心地の良い 形を考えて組みあわせましょう。

関連あるおもちゃ

パックのちりとり

パックのちりとりはごっこあそびに使うだけでなく、実生活においても、テーブルの上のゴミをとったりできます。

右手にはけを持ち、左手にちりとりをもって、そうじすることは幼児の手の動きとして、なかなかむずかしいもので、必要な動作といえます。

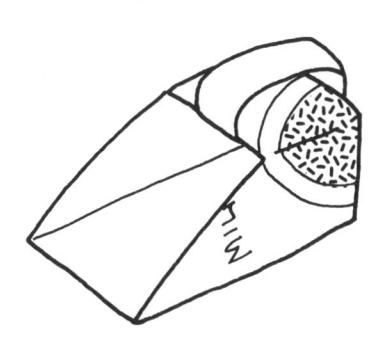

500mlのパックを左のように切る。

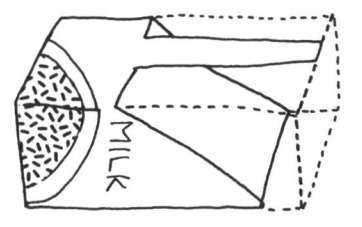

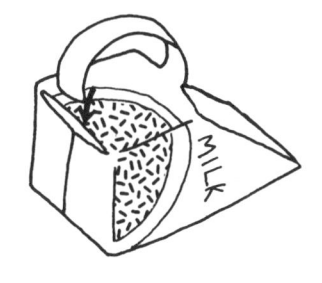

持ち手のところを底の折り目にさしこむ。

サッサッ

紙くずなど、工作のあとの机のそうじに使う。ほうきのかわりには、古くなった筆やはけを使う。

61

ことばがでるきっかけをつくる 《2歳》
❈ 手 袋 人 形 ❈

用意するもの
毛糸（白っぽいもの），
フェルトペン（黒，赤）

◆ 指導の前に考えたこと

2歳児は，おしゃべりが上手になりかける時期なので，その活動を十二分に助長したいと考えた。保育者には話しかけてくれない子どもも，人形には素直に話しかけてくれるのではないかと思い，毛糸でミトンをつくりそれに目，口など，顔の部分をつくった。

◆ 展　　開

保育者がつくった人形をみせ，話をする（腹話術のようにして）。そして，友だちの顔をみて，目，鼻，口，耳の位置と名称をいわせ，自分の顔もさわらせて位置関係をわからせる。また，ミトンをはめて，ジャンケン（グーとパーのみ）あそびをする。

画用紙に顔の形を描いたものを与え，顔の部分をクレヨンまたはフェルトペンで描いてみる。次に，ミトン型に切った画用紙を与え，そこに顔の目口などを描かせてから，つくった毛糸のミトンを与え，それに顔を描かせて，できたものを使って遊ぶ。

① 返事あそび

朝の点呼のとき，子どもたちにミトン人形を与え，ミトン人形をはめた手とともに返事をさせる。子どもたちはいつもより生き生きと返事をして自分の番をいまかいまかと待っている。特に，いままで元気がなく目立たなかった子がびっくりするくらいに大きな声で返事をしたり，友だちどうしでミト

手袋人形のあみ方(例)

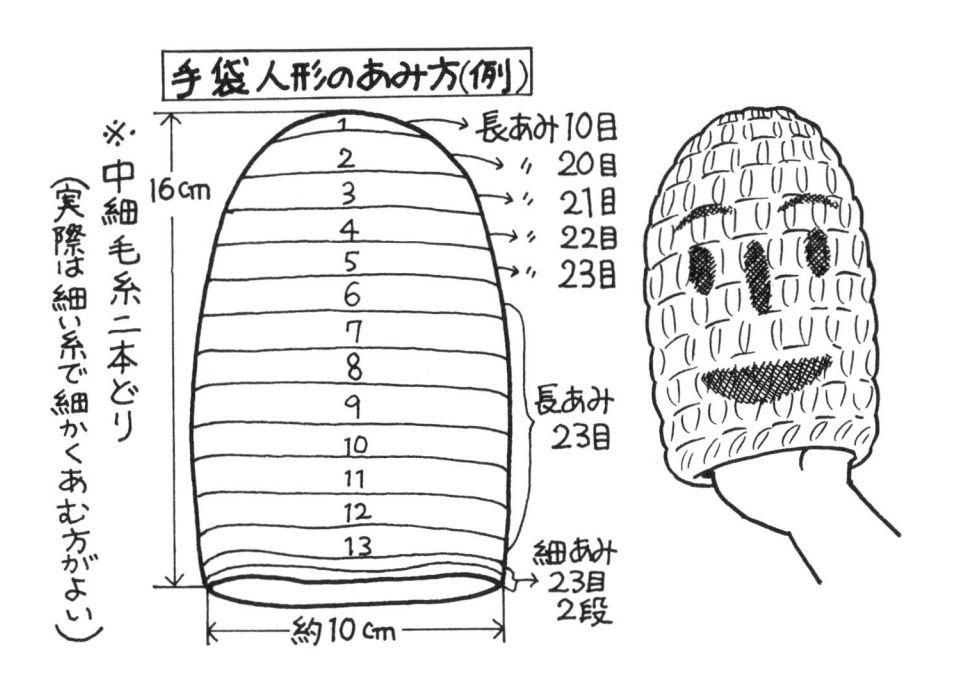

※ 中細毛糸二本どり
(実際は細い糸で細かくあむ方がよい)

16cm
約10cm

1 → 長あみ10目
2 → 〃 20目
3 → 〃 21目
4 → 〃 22目
5 → 〃 23目
6
7
8
9   長あみ
10 23目
11
12
13
細あみ 23目 2段

ン人形をもって大きな声で名前を呼び，返事をしたり，今までより強く仲間意識が感じられるようになった。

② お母さんごっこ

ミトン人形を赤ちゃんにみたてて，お母さんのようにふるまう。女の子にはお母さんごっこがうけて，母親そっくりに話をする子もいて家庭の様子も知ることができる。人形を用いることにより，腹話術みたいにひとり二役になり，役がらも少しは理解され，対話により，言語もさらに豊かになるだろう。

③ 友だちの顔を描いてみる

ミトン人形のあそびによって，自分や友だちの顔に対して関心がでてきたので，画用紙に描かせる。

（実践　千葉・ゆりかご保育園　仲野加代子）

関連あるおもちゃ

指にだけはめる人形です。いろいろな動物をつくっておいて、物語に応じて、指にはめかえて使える便利さもあり、子どもたち同士で指にはめて、あそびはじめます。

指人形のつくり方

指の大きさにあわせてフェルトで胴の部分をつくってぬう。

指の根もとからの長さ

顔もフェルトでつくり、ぬいつける。

編みものの好きな人は、毛糸であみましょう。

関連あるおもちゃ

タオルのミトンのつくり方

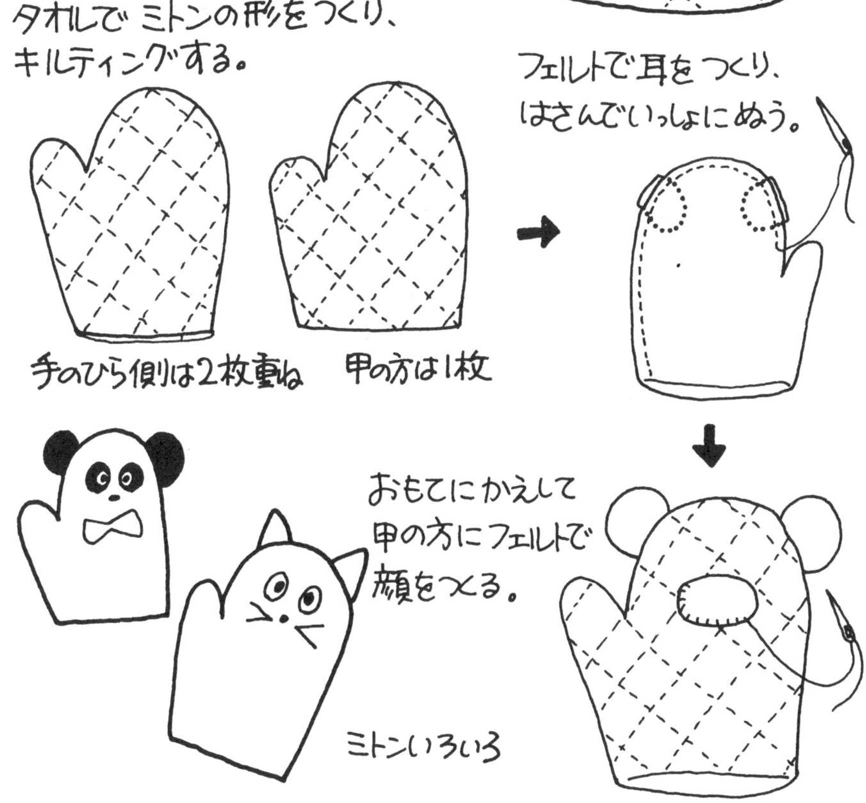

片手にはめる手袋人形です。タオル地でつくり、目や鼻はフェルトでつけます。これをはめて人形劇もできますし、タオル地ですから皮膚をこする、乾布まさつを子どもたちにやらせることもできます。

タオルでミトンの形をつくり、キルティングする。

手のひら側は2枚重ね　甲の方は1枚

フェルトで耳をつくり、はさんでいっしょにぬう。

おもてにかえして甲の方にフェルトで顔をつくる。

ミトンいろいろ

関連あるおもちゃ

片手でひとつの人形だけとはかぎりません。軍手を利用すれば，一度に五匹できます。

サルの家族とかウサギの家族などをつくり，歌をうたいながら指あそびをしたり，お話を展開することができます。子どもがはめる場合，少し工夫してください。

サルの家族のつくり方

ネクタイ5枚 ← 2.2cm → 1cm

耳10枚 ← 1.5cm → 2cm

フェルトでネクタイと耳を各指ごとに色を変えてつくる。

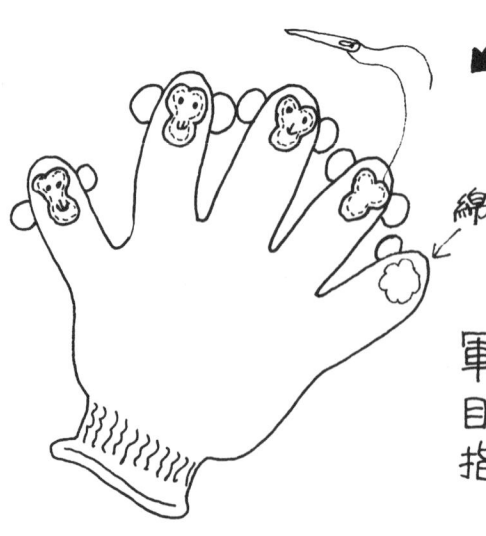

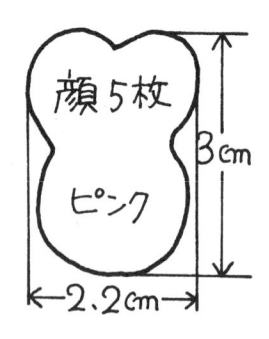

顔5枚 ピンク 3cm ← 2.2cm →

軍手に各部分をぬいつけ、目鼻はししゅうする。指先には綿をつめる。

綿

関連あるおもちゃ

ソックスへびのつくり方

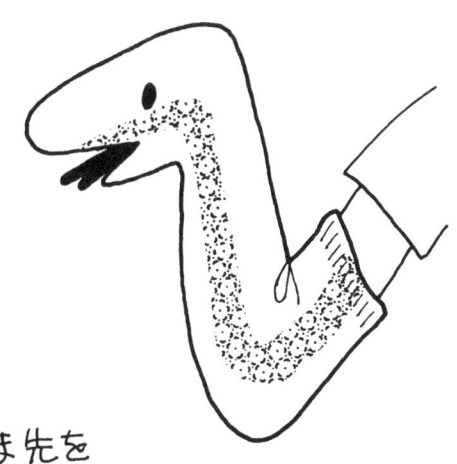

　手だけでなく，腕全体を使ってだんだんと大きな動きをさせていくことができるのがソックスへびです。子どもたちがはめてあそべば，腕だけでなく，全身を使ってへびの動きを表現し，動きとともにことばで，友だちと交流しあっていきます。

ハイソックスをうらがえしてつま先を下のように切ってぬう。

おもてにかえしてフェルトで舌と目をつくり、ぬいつける。

おとな用、子ども用と、ソックスの大きさによっていろんなへびをつくりましょう。

手先の動きがたくみになる《3歳》
❀ 紙粘土こま ❀

```
┌─ 用意するもの ──────
│ 紙粘土，ポスターカラー，
│ 丸箸，ニス
└─────────────────
```

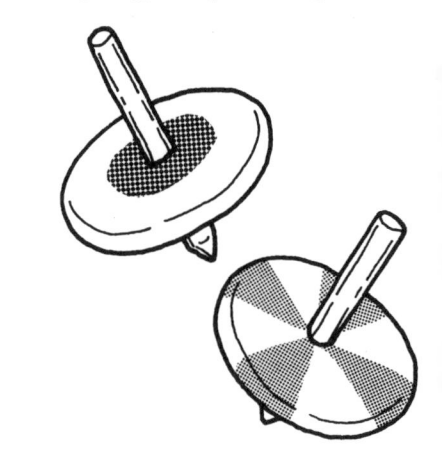

◆ **指導の前に考えたこと**

　3歳児なので，いろいろ手を加えるような複雑なものはつくれないことと，粘土あそびでは全員が丸めることができることに留意して，以前に子どもたちで電算用紙（うすい紙）の状態から，水とのりを加えてつくったことのある「紙粘土」を使っての「こまづくり」をおこなうことにして，次のようなことを考えてみた。

・粘土の量はどのくらいが適当か。
　大小どちらのこまが安定してまわるか。
・しん棒は何が適当か——マッチ棒は折れやすいので丸箸を使う。
・紙粘土を使わせる前に，油粘土で実験的にこまをつくってあそんでみる。

◆ **展　　開**

　布袋にいれたこま（既製品）をもって部屋にいき，袋の中身を子どもたちにあてさせる。「この袋のなかにあるものなんだ，手でさわってもいいよ。」子ども全員にさわらせて，こまだとわかったら，袋から取り出してみせて，子どもたちにこまをつくってみようと話しかけた。そして，前もって保育者がつくっておいたこまをみせる。

　子どもたちはつくりたいとやる気十分なので，まず，保育者がつくる手順をしてみせる。そして，材料の紙粘土（ひとりにウズラの卵大の量）をわたし，それを丸めてだんごをつくる。そのだんごを手のひらにのせて，その

上から手でおさえていき，0.5～1cmの厚さにする。そのとき，みんなでペッタンペッタンといいながらおこなう。

　平らになった粘土の丸の中心に箸をさしこみ乾かす。乾いたらポスターカラーで色ぬりをする。その色が乾いてからニスをぬってできあがりである。

　できあがるまで時間がかかり，すぐ使えないので，こまに慣れさせるために既製のこまであそばせたりした。できたこまはよくまわるかどうかやってみて，あまりまわらないものはしん棒の下部をけずるなどして，手直ししていく。

　はじめ，片手づかいのこまのつもりであったが，子どもの力では，回転がにぶくておもしろみがたりなかったが，何度か使っているうちに両手づかいでコマをまわすようになってきた。（既製のこまに，両手づかいがあったので，それを応用したものと思われる。）両手だと回転も速くなっておもしろみがでてきたようだった。

◆ 留 意 点

・しん棒をさすとき，子どもにとって無理なようなら，手伝ってあげる。
・形があまりよくないのは，もう一度やり直しさせたり，手直ししてあげる。
・しん棒のゆるみは，ニスを上ぬりすることによって固定されるので，たっぷりぬること。
・紙粘土の色ぬりに，ポスターカラーを使わないで，フェルトペンでもようをつけてもおもしろい。
・こまの大きさに見あうしん棒があれば，粘土の量を決めないでいろいろの大きさのこまをつくるとよい。

（実践　東京・荻窪保育園　上原真智子）

紙粘土こまのつくり方

① うずら卵大の紙粘土を
　だんごにする。

まんまる.

② 手のひらでおさえてうすくする。

ぺったん!
ぺったん!

0.5～1cmの厚さ

③ 中心にしん棒をさす。

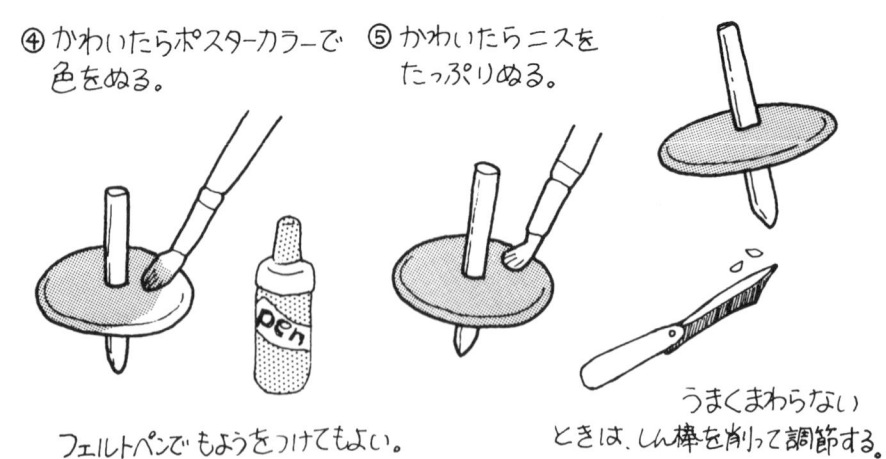

しん棒は丸箸

④ かわいたらポスターカラーで色をぬる。

フェルトペンでもようをつけてもよい。

⑤ かわいたらニスをたっぷりぬる。

うまくまわらないときは、しん棒を削って調節する。

関連あるおもちゃ

いろいろな材料でこまはできますが、つくり方のコツはしん棒が中心になるようにすることです。

小さなこまは子どもたちの三本の指（親指，人さし指，中指）を十二分に使わせるあそびとなります。

千代紙ごまのつくり方

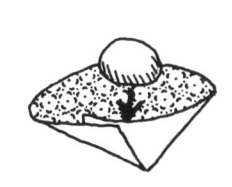

千代紙で円すい形をつくり、丸めた粘土を入れておさえる。竹ひごを中心にさす。

5円玉ごまのつくり方

さいばしの先を切り、穴にあわせて少しけずってさしこむ。

どんぐりごまのつくり方

穴をあけて竹ひごをさしこむ。

どれがよくまわるかな？

関連あるおもちゃ

最近では手にはいりにくくなった材料ですが、切り方しだいでいろいろなかたちのこまができます。

切った竹をしん棒につける位置によって、長くまわるかどうかがきまります。すなわち、重心が上すぎたり下すぎたりするとまわりにくくなります。

竹のこまのつくり方

A B C

2.5cm 3cm

直径5cmの竹をのこぎりで切る。

粘土にうめて固定する。

穴をあけ、竹ひごを接着剤でとめる。

たてにわる。

竹のぶんぶんごまのつくり方

ボロ布の上で。

竹の小片に穴を2つあけ、たこ糸をとおす。

色をぬってみよう。

関連あるおもちゃ

糸まきごまのつくり方

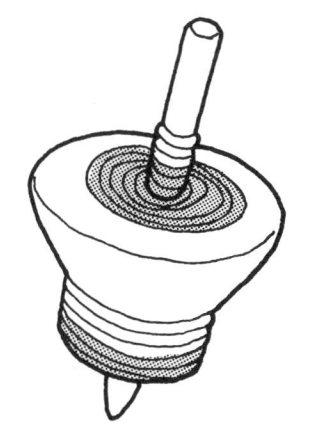

　木の糸まきも、このごろ少なくなった材料ですが、こまとしてたいへんかたちのよいものができます。リリアンで装飾しますと、よりきれいにみえます。

　片手の3本指でまわせない子の場合、まず両手ですりあわせるようにしてまわしてみることです。

木製の糸まきを半分に切る。

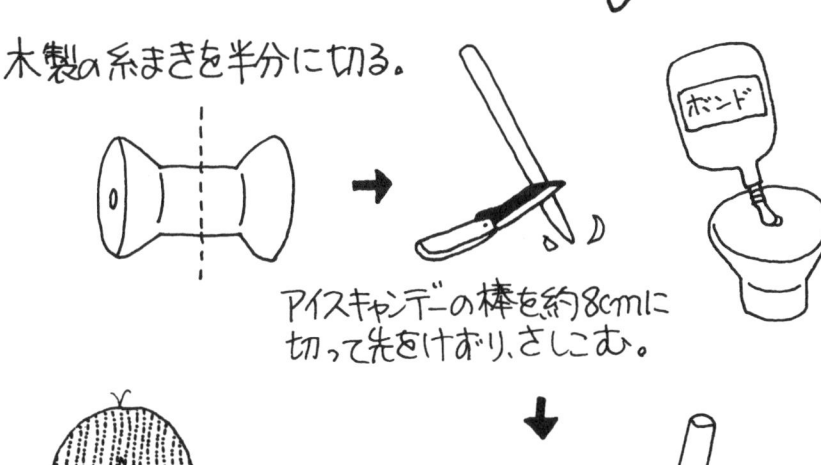

アイスキャンデーの棒を約8cmに切って先をけずり、さしこむ。

ボンド

接着剤をつけてリリアン糸をまいてゆく。

関連あるおもちゃ

こまでも両手で糸をひっぱってまわすぶんぶんごまは，まわるおもしろさの上に，音がするたのしさがくわわります。

まわしはじめるまでのきっかけをつかむのが幼児にとってすこしむずかしいですが，そのコツをつかめば，たのしいおもちゃになります。

ぶんぶんごまの つくり方

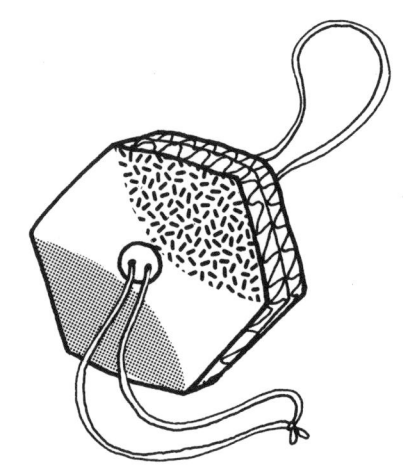

ダンボールを2枚同じ大きさに切ってまん中にボタンより小さい穴をあける。

大きくて平べったいボタンを、おさえつけるように間にはさんで接着剤でしっかりはりあわせる。

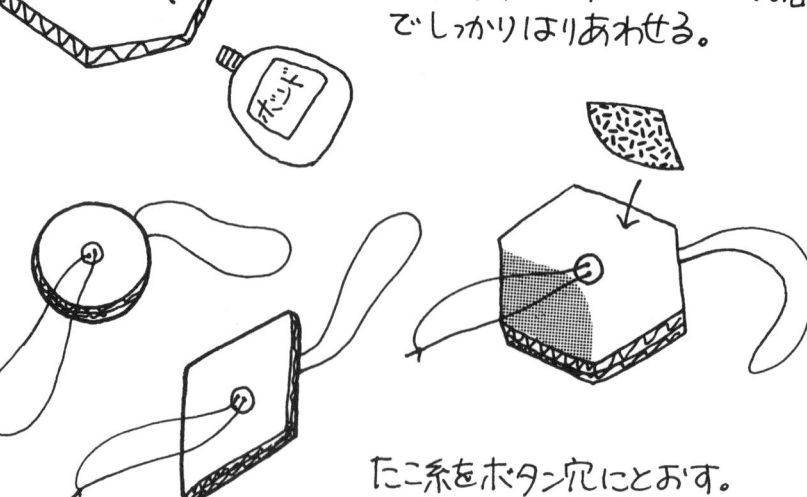

たこ糸をボタン穴にとおす。
色紙をはってもようにする。

74

いろいろなあそび方ができる《2歳》
❈ パクパクくん ❈

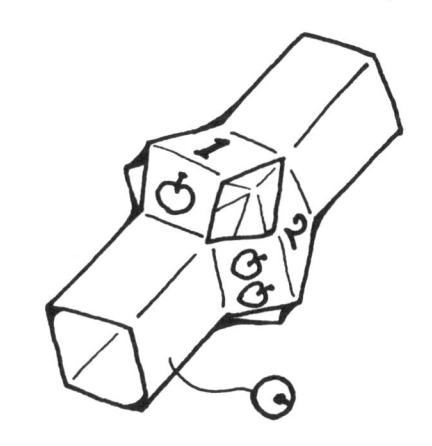

- 用意するもの -

布，画用紙，ノリ，シール

◈ **指導の前に考えたこと**

紙でかんたんにつくれて，動かすことができ，また，いろいろなあそびがみつけだせるようなもので，そのうえ数に興味をもたせようと考えた。

◈ **導　　入**

鈴をつけ，「なる，なる鈴がなる。右です。右です」といって鈴がついている方を右手でもって，「もうひとつの手でこちらをもって，押して引っぱって，押して引っぱって，パクパクくんだよ」。

◈ **展　　開**

2歳児にわたしてみると，「東京タワー，東京タワー」と手をたたき，それから，くるくるまわしてはってあるシールを見て「リンゴだ，リンゴだ」といって，両手でパクパクと動かし「動いた，動いた」とよろこんでいた。こんどはのぞいてみて「みえた，みえた望遠鏡だ」と2人でのぞきっこ，次に，少し押して◇窓を

パクパクくんのつくり方

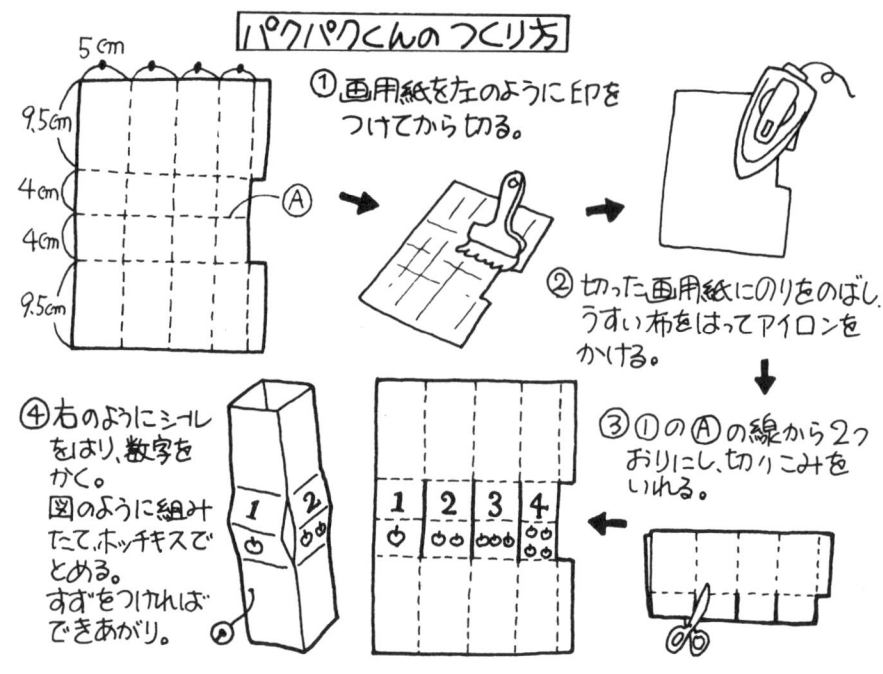

① 画用紙を左のように印をつけてから切る。

② 切った画用紙にのりをのばし、うすい布をはってアイロンをかける。

③ ①のⒶの線から2つおりにし、切りこみをいれる。

④ 右のようにシールをはり、数字をかく。図のように組みたて、ホッチキスでとめる。すずをつければできあがり。

つくり、「カメラだよ」とのぞいてみる。
「さあ、並んでください。パチリ、パチリ。」

　3歳児にわたしてみると、数字に興味をもったり、片手にさしこみ怪獣のまねなどいろいろなあそびが展開された。ここで少し紹介すると、

- くるくるまわして、数字の歌をうたう。
  数字の1はなあ～に、ハイでました1ですよ。
  数字の2はなあ～に……………
- 2人で向きあって、パクパクさせて、リンゴが
  いくつぃちにのさん、「ああ、わたしひとつ」
  「わたし二つ食べましょパクパク」。
- ちぢめたり、のばしたりしてアコーディオンの
  まねをしてうたいはじめる。
- 横にしてトンネルにして、ビー玉を2人でころ
  がして、通らせてあそぶ。

などの思いがけないあそびへと発展していった。

（実践　千葉・吉尾保育園　石井きん）

関連あるおもちゃ

折り紙占い

　昔からあるあそびに折り紙占いがあります。両手の指を使って、ひらいて、とじてといったぐあいに占って開きます。幼児の場合、文字のかわりにシールをはってもいいでしょう。表の数字のところに目を描いて開くと怪獣の顔になります。

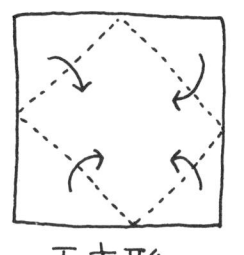

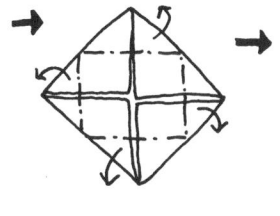

正方形

数字をかく。

うらにも数字をかく。

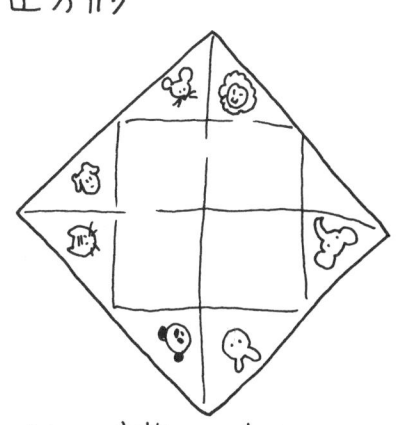

2つに折って親指と人さし指をいれる。

うらないの言葉のかわりに、動物などのシールをはる。

関連あるおもちゃ

折り紙のだましぶねであそんでから、それに絵を描いて、動きのある絵になるのがミソです。

かわりぶね

正方形

絵をかく。

ななめに折りひらく。

78

あそびの輪がひろがる 《2歳》

かんたんかんたん

用意するもの
新聞紙，包装紙，ノリ，ビニルテープ

◈ 指導の前に考えたこと

　たくさんのおもちゃの中に，細長い棒状のおもちゃがあまりないのは，目を離すと危険ということで与えないためだろう。しかし，細長い棒状のものがあれば，あそびがより多様化してくるのではないかと考え，それを紙でつくることにした。

◈ 展　　開

　室内のままごとあそびのとき，おもちゃとしてあそびの中に加えてみた。魚を焼くまねをしている子に「いいものがあるよ，いっしょにあそんでもいいよ」といって差し出してみた。

子「あっ，歯ブラシだ。歯をきれいきれいしましょう」と歯を磨くまねをする。（空で棒状のものを口のところで左右に動かす。）

子「きれいになった？」（保育者に歯を出してみせる。）

保「きれいになったわ。」「先生も磨いて，みんなも磨いて，それからねんねしよう。」（保育者も磨くまねをする。）

子「きれいになったからねんねするの。」

　こんどは，その細い棒状の紙を枕にして寝る。

　朝になり朝食。この棒状の紙が箸になり，子どもの箸さばきは細い箸よりも太い箸の方があざやかであった。また，勉強のときの鉛筆にしたり，すりこぎにするやら，いままで細長いものがなかったために，手まねだけでやっ

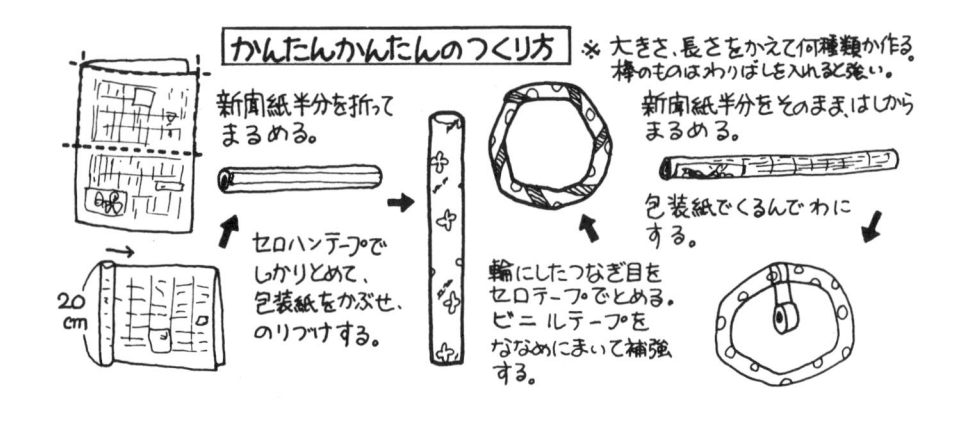

かんたんかんたんのつくり方　※大きさ、長さをかえて何種類か作る。棒のものはわりばしを入れると強い。

新聞紙半分を折ってまるめる。
セロハンテープでしっかりとめて、包装紙をかぶせ、のりづけする。
20cm
輪にしたつなぎ目をセロテープでとめる。ビニールテープをななめにまいて補強する。
新聞紙半分をそのままはしからまるめる。
包装紙でくるんでわにする。

ていたあそびが、このおもちゃを用いて展開されるようになり、手の活動がさかんにおこなわれ、あそびが深まっていった。

　子どもたちに棒状にした紙と、それを輪にしたものを与えてみて、それらを使ってどんなあそびが展開されたかをあげてみる。

　① 輪を棒に通して、くるくると片手でまわす。
　② 輪を棒に通して、両手でもってくるくるまわす。
　③ 輪をケーキにしたり、頭の上にのせて歩いたり、腕輪にしてあそぶ。
　④ 並べっこあそびをする。
　⑤ 棒でキャンプファイヤーのときの薪の積み方をしてあそぶ。
　⑥ 輪を頭の上にのせ、棒を鼻のところにかざして、てんぐのまねをする。
　⑦ ひとりが棒を立てて持ち、他の子が輪なげをしてあそぶ。

◆ 留 意 点

　① あまり長い棒にすると頭をたたいたりするので長さは20センチぐらいが限度である。
　② 10～20センチくらいまでの長さのものをたくさんつくるとよい。
　③ 太さは直径2センチから5センチくらいで、あまり固巻きにしない。
　④ 棒をつくる場合、割り箸を入れると、曲がらずにしっかりする。
　⑤ 棒も輪も太いもの、細いもの、大きいもの、小さいものをつくる。
　⑥ 包装紙の色彩にも配慮する。
　⑦ おもちゃは日を決めて出して、出しっぱなしにしない。

（実践　千葉・白鳩保育園　池田順子）

関連あるおもちゃ

　既成品のもので全然手をかけなくて，多面的に活用できるのがサロン前かけです。あそびのための道具として用意してあげれば，子どもたちなりに使ってあそんでいます。

　ふろしきにも同様のことがいえるでしょう。

サロン前かけ

パーマ屋さんごっこ

散髪屋さんごっこ

おかあさんごっこ

お嫁さんごっこ

81

関連あるおもちゃ

家庭ではよくざぶとんをあそびに使っています。ざぶとんはあそびのなかでいろいろな役割をはたしてくれます。

家庭のざぶとんより小さいものが園に用意されていれば、ままごとなどのあそびのなかでかなり使われます。

小さなふとん

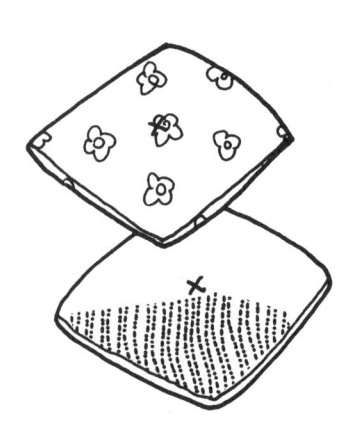

ハンカチぐらいの大きさの布でざぶとんをつくる。綿を入れてまん中を糸でとめて動かないようにする。

人形のふとんに。

ならべて歩く。

板をすべらせる。

ゲームのおもしろさがわかる《5歳》

❀ 紙ずもう ❀

―― 用意するもの ――
画用紙，エンピツ，ノリ，ハサミ，
セロハンテープ，ひも，空箱

◆ **指導の前に考えたこと**

　子どもたちとつくってあそべるものをつくりたいと考え，外あそびでよく相撲をしているので，紙ずもうをつくることにした。

◆ **展　　開**

　箱をグループごとに置き，いろいろな係を決めてやれば早くできることを子どもたちに提案し，あとは各グループにまかせた。いちばん早くまとまったグループは包装紙を切る人，ノリをつける人，土俵をつくる人とわかれてやりはじめた。土俵は空缶の丸いフタで形を色画用紙にとり，切りぬいて，まわりにひもをセロハンテープではりつけた。

　保育者としては屋根までつけたかったのだが，子どもたちは屋根のイメージがよくわからなかったことと，早くやってみたいというあせりがあり，土俵をつくっただけにとどまった。それでも，行司を紙に描いて，切り抜き，土俵のはしの方にのりで固定していたグループもあった。

　箱のはしをトントンとたたいてグループごとにあそびはじめた。そのうちに，底になにか重石になるようなものを入れると，安定して倒れにくくなることに気づき，紙を何重にも折っていれはじめる。ひとりの子は底にもう1枚面積の広い紙をはり安定させたりする。

　相撲は勝ち抜き戦ばかりで，いっこうに発展しそうもないので，星取表のようなものをつくってあげると，星の数で優勝者をきめていた。自分たちの

紙ずもうのつくり方

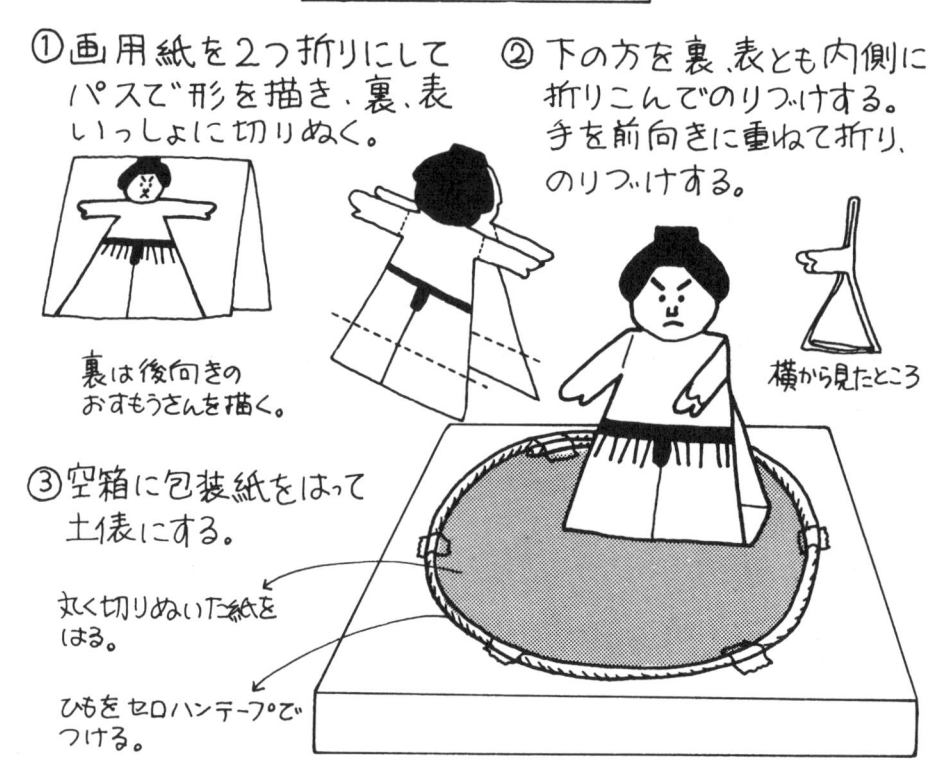

①画用紙を2つ折りにしてパスで形を描き、裏、表いっしょに切りぬく。

裏は後向きのおすもうさんを描く。

②下の方を裏、表とも内側に折りこんでのりづけする。手を前向きに重ねて折り、のりづけする。

横から見たところ

③空箱に包装紙をはって土俵にする。

丸く切りぬいた紙をはる。

ひもをセロハンテープでつける。

グループの土俵だけではなく，他のグループの土俵と交換してやっていた。はったひもの種類により倒れやすいことにも気がついた。

❖ 留意点

- 力士の顔や頭の形にとらわれすぎて，倒れないように立てるということが頭にはいらなかった子がいたので，紙を立たせることをもっと強調する必要がある。
- 力士をつくるより，先に土俵をつくった方が，グループ活動がしやすかったのではないかと思われる。
- 力士だけの相撲ではなく，動物などを入れておこなった方がより楽しくなったかもしれない。
- 相撲に関するルールは十分納得させてからおこなうべきである。

(実践　埼玉・マルハ幼稚園　小川知子)

関連あるおもちゃ

紙ずもうAのつくり方

紙ずもうの力士のつくり方はいろいろあります。このAの場合はいちばんやさしいつくり方です。

これは紙を半分に折ることによって立つことを知り、力士を描いて切るときに下の部分を広くしないと安定が悪くてたおれやすくなることを子どもたちに気づかせながらつくります。

画用紙を2つ折りにして、力士の絵をかき、切りぬく。

うらもかいておく。

トントン

紙ばこに土俵をかいてトントンたたいてあそぶ。

85

関連あるおもちゃ

紙をまるめることによって立つということを知らせるのには、Bのつくり方があります。

これは紙ずもうの一般的なつくり方でしょう。

足の部分にきりこみをいれたりして、よりたおれないようにすることを子どもたちに考えさせてみよう。

紙ずもうBのつくり方

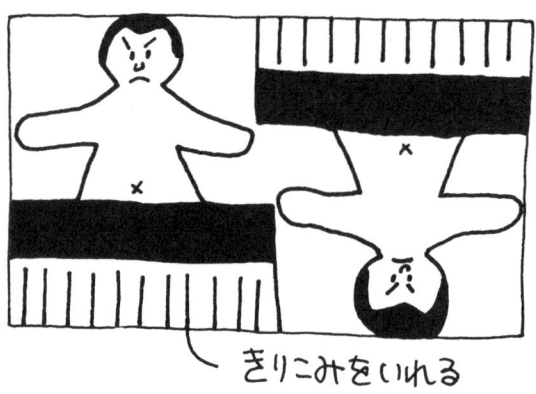

画用紙に左のように絵をかいてきりぬく。

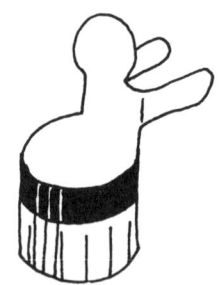

きりこみをいれる

下の部分を輪にしてセロハンテープでとめる。

テーブルの上にのせてこぶしでドンドンたたいてもおもしろい。

関連あるおもちゃ

紙ずもうCのつくり方

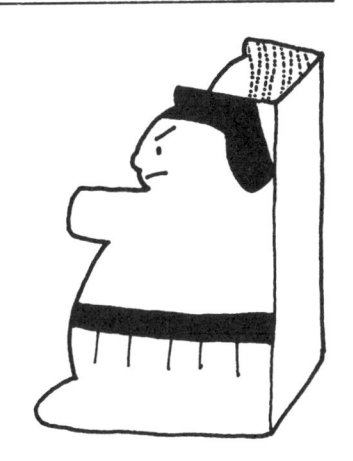

Aのつくり方よりもたおれにくいものをと考えると、角が2カ所あれば安定すると思い、小箱を利用してつくりました。

土俵をたたく加減をきめないと、いくら安定した力士をつくってもすぐたおれてしまい、おもしろみがなくなるのでルールをきめておこなわせます。

せっけんやお菓子などの小箱のふたや底を切りとり、本体をうら返しにする。

両側に力士の絵をかき、切りぬく。

がんばれ！

87

関連あるおもちゃ

野外にでたとき，松葉をあつめてきます。それをひとたばにまとめてしばり，力士をつくって松葉ずもうです。細いのより太い（たくさんの松葉をしばってある）方がやっぱり強いです。たくさんひろって強い力士をつくり，安定感をわからせます。

松葉ずもうのつくり方

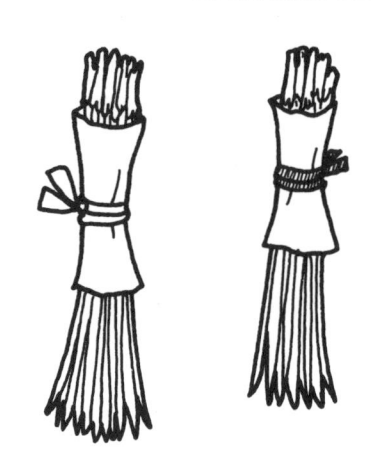

松葉をひとたば集めてゆるくにぎり、机の上に軽く2、3回あてて先をそろえる。

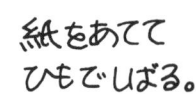

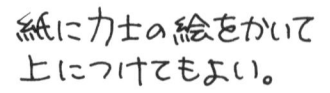

紙をあてて ひもでしばる。

紙に力士の絵をかいて上につけてもよい。

音をつくりだすことができる《5歳》

❀ バンジョー ❀

用意するもの
木片（ガクブチのワク），ギター弦，
口が広く丸いカンのフタ，カナヅチ，
ビニルテープ，釘，ノコギリ，ペンチ

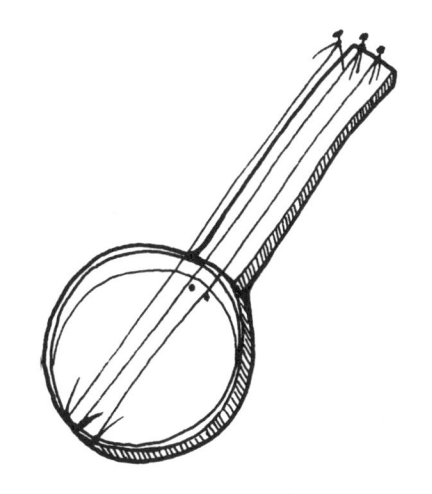

◈ 指導の前に考えたこと

　日ごろからたのしく楽器あそびをしていて，楽器の扱い方もかなりマスターしているので，さらにガラクタで楽器を考え，工夫してつくる喜びをもたせ，楽器の音色を楽しみながら，みんなで合奏をしていきたい。

◈ 導　　入

　環境設定……・廃品だけでなく，貝がら，ドングリ，マツボックリ，小石，
　　　　　　　　砂，木工用具を部屋に用意しておく。
　　　　　　　・楽器が載っているパンフレットをボードに貼っておく。
1　音のでるおもちゃ（楽器）について，みんなで考える。
2　ガラクタで実際に音をだしてみる。
3　音のでるものを使って，よく知っている曲に合わせて合奏をする。
4　ガラクタを構成すると，どのようなものができるか，みんなでかんがえる。

◈ 展　　開

　子どもたちが一生懸命につくり，弾くのをたのしみにしていたが，いざ弾いてみると，なかなか音がでないのでがっかりしてしまった。しかし，フィルムの容器のフタをピックにすると音がでだしたので，とても喜んでいた。
　また，このときに，糸のはり方によってかなり音がちがうことにも気づき

89

同じ弦での音の高低，音階などを弾いた。そして，いろいろな音をだして，「ラ」の確認をしたうえで他の音の調節をおこなった。なかなか思うようにできなかったが，なんとか音（ド〜ド）の位置にフェルトペンで印をつけることができ，音階を書きこんだ。これにより簡単な曲が弾けるようになった。

楽器のもつ形の特徴や音色をたのしんだ後，他のガラクタ楽器とともに，日ごろ親しんでいるフォスター作曲の「バンジョーならして」の曲を合奏した。そのとき，その曲想と楽器の特質を考え「やさしい感じだから，ここはビンの音でいいよ」「ここはタンバリン（空缶のまわりにフィルム容器のフタをつけたもの）がいいよ」などと子どもたちどうしで考え構成していった。また指揮も子どもたちが交互におこない，指揮者のイメージも生かしながら，指示する楽器での合奏もおこなった。

自分でつくった楽器なので，とても大切に扱っていた。

◈ 留 意 点

ノコギリ，カナヅチなどの扱いはむずかしく，思うように切れなかったり，まっすぐ釘がうてなかったりするが，根気よくやらせる。

（実践　尼崎・今北保育所　山本君子）

バンジョーのつくり方

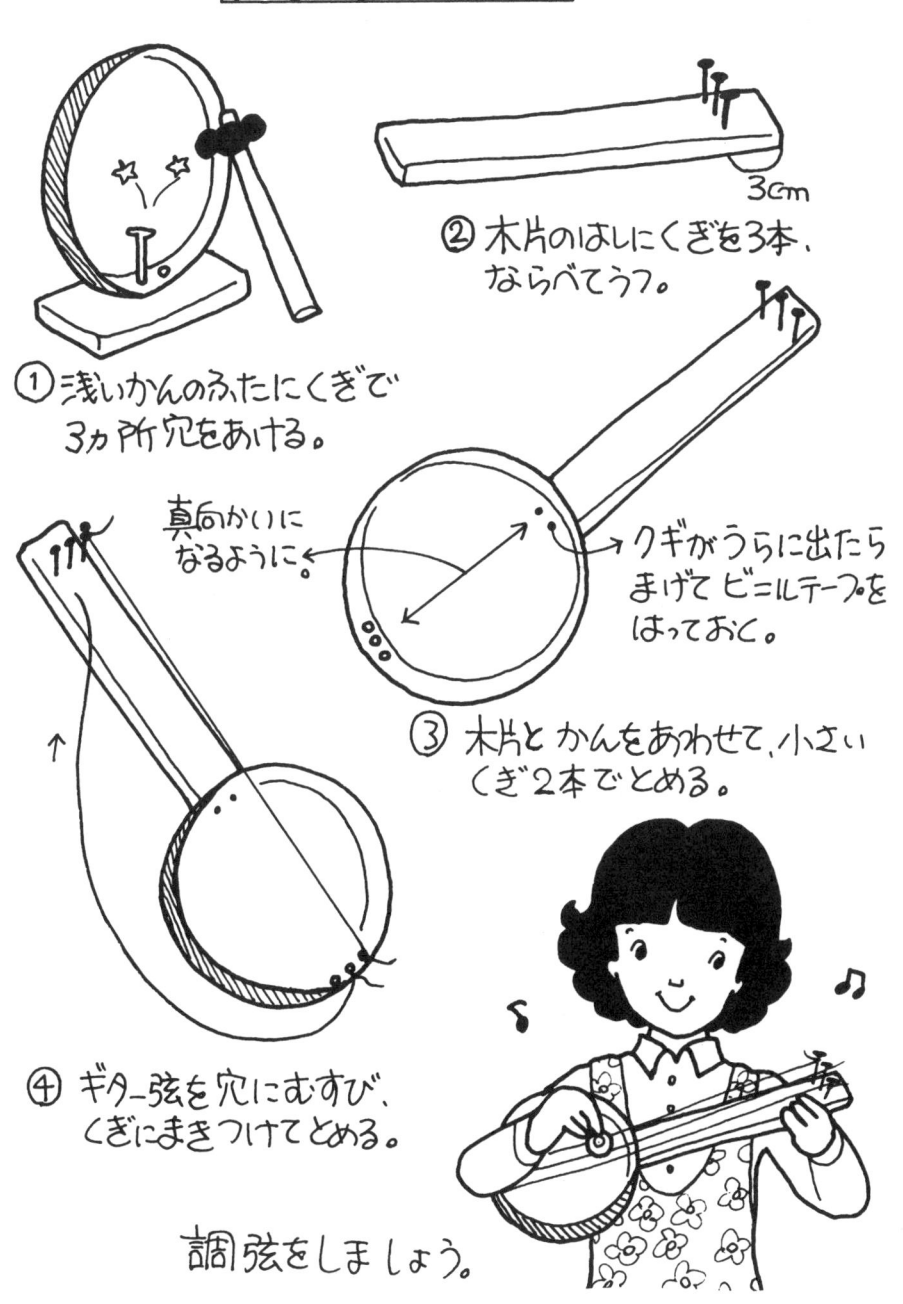

① 浅いかんのふたにくぎで3ヵ所穴をあける。

② 木片のはしにくぎを3本、ならべてうつ。 3cm

③ 木片とかんをあわせて、小さいくぎ2本でとめる。

真向かいになるように

クギがうらに出たらまげてビニールテープをはっておく。

④ ギター弦を穴にむすび、くぎにまきつけてとめる。

調弦をしましょう。

関連あるおもちゃ

ゴムの琴

太さのちがうゴムがなければ、マッチ箱を立てて調節する。

台になる板に木片をつけ、くぎをうってゴムをかける。

つまむようにして音を出す。

マラカス

リズミカルにふる。

アイスクリームや飲料のポリ容器に小物を入れてビニルテープで2つの容器をあわせる。

関連あるおもちゃ

ひょうしぎ

同じ大きさの木片に色をぬる。
打ちあわせて音を出す。

びんのふたのこすり板

かまぼこ板に金属の
びんのふた、または
王かんをくぎでつける。

← 木片でにぎり手をつける。

ふたつをこすりあわせる。
ふってもよい。

● 現場からの質問に答えて ②

　新設の保育園のため，おもちゃ教具が少ないので，手づくりおもちゃを，子どもたちに与えたいと考えますが，雑用に追われ，つくる時間がありません。何かよい方法をおしえてください。

つくる気を　　つくりたいがつくる時間がないという話をよく聞きますおこせ　　が，つくる気があれば時間はいくらでもできると思います。
　　　　　　　　まず，午睡の時間を利用して，子どもたちを寝かしつけてから少しずつでもつくっていけばよいのではないでしょうか。また，もっとよい方法としては，クラス担任が2人
保育中につ　の場合，一方の人がリーダーの日に，もうひとりは保育室くろう　　の椅子にすわって，おもちゃをつくることです。子どもたちは何をしているのだろうと興味をもつでしょう。そして，自分たちのためにおもちゃをつくってくれていることを知ると，それができるまでたのしみに待ちますし，先生がつくってくれたという意識が子どもたちの中にめばえ，大切に永く使ってあそぶことでしょう。

見せる教育　　このような方法をおこなうと，保育時間内に子どもたちも大切です　に「見せる教育」をしながらおもちゃができるので，一石二鳥というわけです。

一度にたく　　また，一度に多くのものをつくりたいときには，母の会さんのもの　に協力してもらうことです。それには，園の教師が講師にをつくる方　なって手づくりおもちゃの講習会を開き，母親たちに材料法　　　　　をもってきてもらい，いっしょにつくるとよいでしょう。
　　　　　　　　そして，子どもたちにお母さんたちがつくってくれたのよと話しかけて，与えるのもひとつの方法だと思います。
　　　　　　　　それにしても，まず，あなた自身つくってみようという姿勢を強くもって，子どもの喜ぶ顔を思いうかべてつくってください。

III

障害のある子の あそびとおもちゃ

障害のある子どもの成長発達のためのあそびと教具

　知能というのは，ことばや数の認識の上に立って，時間的・空間的に，ものごとを順序だてて考える能力のことです。

　知能の発達を促すには，いろいろな刺激を与えて，諸感覚をみがくことです。つまり，物を使ったり，観察することによって認識を深めていくのです。

　しかし，障害児によっては，物の全体がばく然とわかっても，個々のつながりは理解できません。ですから，観察・会話・注視を中心としたあそびを通して，何度もくり返すことによって，はじめて理解が可能になるのです。

　考える能力の発達は，概念を具体化する力と関連があります。子どもが，物の名称を正確に言えるように，意識的に指導することによって，ことばと認識の関係を発達させることができます。とくに，知的障害児は，二つ以上の物や事実・概念を総合することができません。つまり，それによってでてくる結果を予測することができないわけです。ですから，このような子どもには，あそびの中で，何度もまちがいを経験させて，自分で結果が予測できるように訓練する必要があります。

　また，抽象的に覚えたことは忘れやすいので，具体的な経験を積んで，何度も何度も反復していくことが必要になります。

　そして，リラックスしてあそびに集中できる環境づくりをし，そのなかで自由にあそばせていくことも大切です。

話す

話すことは，最も人間的な活動のひとつです。生まれたときの産声にはじまり，ことばを通して考えを表現するまで，話す能力は試行錯誤を繰り返しながら発達していきます。

ことばは，知覚された事実を一般化し，それらの関係や法則を導きだします。すなわち，ことばを使えば，まわりの人を自分の方へ向けさせることもできるし，状態を理解することも，思い出すことも計画をたてることもでき，わからないときは質問をして，はっきりと解決することもできます。

精神的・身体的に障害があると，まったく話せなかったり，1～3語文しか使えない子どもがいます。その子たちには，まず「聞くこと」と「ことばの理解」を中心にすえて，あそびの時間にも積極的に話をしていくことが大切です。その場合，ひとつの物に対してゆっくりはっきりと，そして統一したよびかたをし，いつもひとつのねらいを決めて，それだけにとどめておく必要があります。

そして，耳鼻科医との協力によって，吹くこと，舌・くちびる・声帯の訓練をしなくてはいけません。

耳の不自由な子どもは，自分の声とその他の音を区別する経験を持たないので，小さいうちから何でも話しかけ，口の動きからことばを読みとるようにさせることです。しかし，自分の声を使って意味のあることばを表現するまでかなり集中した練習が必要です。

また，知的障害児，学業不振児ともに，ことばの治療は大きな部分を占めています。話す意欲のなかった子どもも話せるような，つまり，表現につながるおもちゃや絵本を用意することが必要です。

吹くおもちゃ

　吹くと風船がふくらみ，風船がしぼむときに音がでるおもちゃです。

　このように吹く行為によって音がでたり，動いたり，まわったり，飛んだりするもので，口の奥深くはいる危険のないおもちゃを与えましょう。

　吹くあそびとしては，シャボン玉や吹き矢などがあります。

　楽器では笛などがありますが，息をすったりはいたりして音をだすものとしては，ハーモニカがよいでしょう。

指人形

　指に人形をはめて，話しかけたり，右手の人さし指と左手の人さし指にそれぞれはめて物語を演じて見せたり，子どもの指にはめて，話したくなるように演出しましょう。

> 手使い人形

手全体にはめる人形は，指人形よりも表情と動きがだせるので，人形が話しているようにみえます。

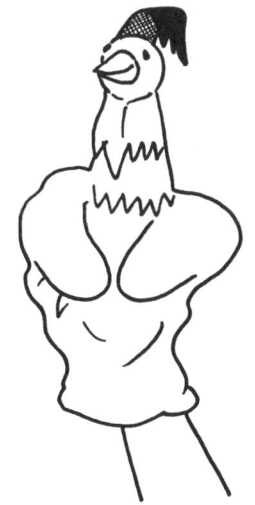

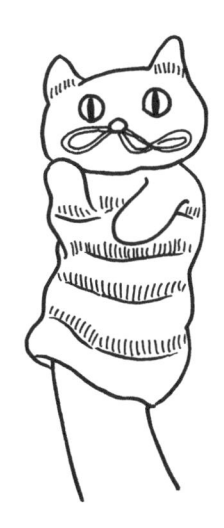

> 絵本

生活に密着した内容の絵本を読んであげるか，子どもが繰り返して読めるものを選びましょう。

また，絵本の内容は，想像力をかきたて，話しだしたくなるようなものがよいでしょう。

> 絵カード

カードの絵を見て，名まえをいったり，好きなものを選んで物語をつくるおもちゃです。

読む・書く（描く）

読むためには，集中的に話す・聞く，絵と字を同時に整理して覚える，字を覚える訓練が必要です。

知的障害児にとっては，字を組み立てることや，それを読むことや，意味もわからずに字を覚えることは困難です。

書くことは読むための練習と考え，コミュニケーションの手段として，字をできるだけ使わせていくようにします。

書く準備練習として，方向感覚の訓練・空間感覚の訓練，こまかい神経の訓練・模倣など，体全体の訓練が必要です。また，姿勢を整え，腕全体に力をいれないように気をつけて，正しく鉛筆を持つように指導し，指と手と腕の連続動作をしっかりとさせ，反対の手で紙をおさえるようにさせます。

描画材と紙

描画材は，折れにくいクレヨン，色鉛筆，フェルトペンなどを使い，最初は大きな紙に太い線で描かせます。また，黒板にチョークで描くのもよいでしょう。

> ハンコあそび

　ハンコあそびは，字の形をみて区別し，正しいことばの概念を身につけさせるのに役立ちます。

　物の絵のカードの下にその物の名前を表す文字をはっておきます。

　そして子どもはそれを見て，文字のハンコを紙におして字をならべていきます。

　そのとき，文字が逆さにならないように気をつけさせましょう。

　肢体不自由児の場合，書くことは非常にむずかしいことです。とくに筋肉が麻痺している子は，鉛筆をつかむことさえ困難です。その場合，持ちやすくした鉛筆や別の表現方法（タイプライター，ワードプロセッサーなど）を用いて，書く楽しさを知らせ，表現力をすこしでも高めるようにしましょう。

　目の不自由な子は，絵や字を紙に書く経験がなく，文字の区別がしにくいので，できるだけ早いうちに点字を覚えさせ，使わせるようにする必要があります。目が不自由でも，心を開いた明るい環境の中で，手を使って勉強することができます。

> 絵　本

　まず，短かくてわかりやすい絵本を選びます。できるだけ大きな声ではっきりと読ませましょう。きれいに発音することにより，聞く能力もつき，字を書くときもまちがいが少なくなるでしょう。

算数

ここでは計算のしかたを覚えることをさしています。知的障害児は数を数学的に使えず、数が多くなればなるほど理解が困難になります。

まず、次のような段階をふまえる必要があります。

見てわかる──前に見たことを再生する──区別する──秩序だてる──分類する──量の概念がわかる──→数がわかる。

指や道具を使っておこなうことからしばらくはぬけ出せないため、倍数などもできるだけ具体的な物を使って覚えさせ、何度も繰り返すようにします。

知的障害児の場合、量や数を使って計算していくのは、たいへんむずかしいことです。「ひとつ」と「たくさん」の概念を、区別できない子もいます。したがって、「少ない」「多い」「より多い」という区別の練習を、まず十分におこなう必要があります。

クリエイティブ・プレイシング

平板に1から5までの穴があいています。1が1枚、2が2枚、3が3枚、4が4枚、5が5枚あって、すべてさしこむと、高さ（厚み）でそれぞれの数のちがいがわかるものです。

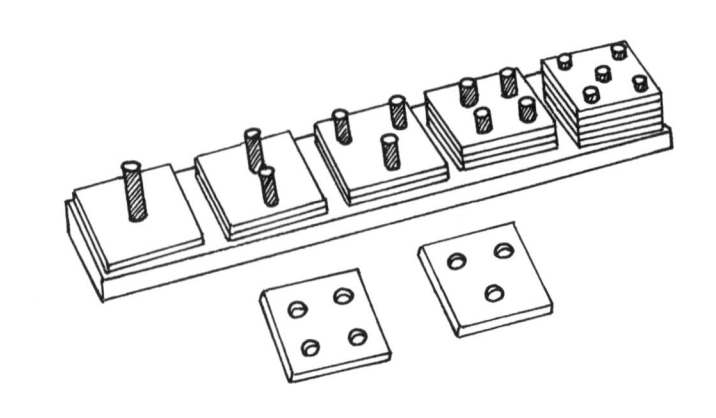

大きなサイコロ

布のサイコロで中はウレタンチップか座ぶとん用ウレタンを切ってはり重ねたものです。

フェルトで数字をつけたり，数だけの丸をはりつけてもよいでしょう。

投げて出た数が見てすぐにわかります。角がまるく，目の不自由な子どもにもさわってわかるようになっていて，やわらかくてつかみやすいものです。

このサイコロを使って，あそびをひろげてみましょう。──サイコロをふり，手づくりのリンゴの木から，出た目の数だけリンゴを木からもぎとり，全部とったら，こんどは出た目の数だけつけていくあそびもできます。

色棒さし

5色の円柱で一色ごとに長さのちがうものを使って，色と量の学習をするおもちゃです。

また，長さがちがう10色の棒まで用いてもよいでしょう。

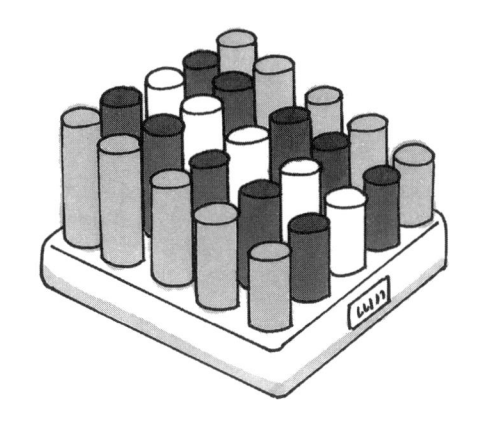

数の比較

　5色の球，人形，円柱を使って，1から5（または10）までの数を，具体物（人形）と抽象物との対応で教えるものです。

　物がかわっても，色がちがっても，並べかたをかえても，同じ数・量であることを理解させるのに役立ちます。

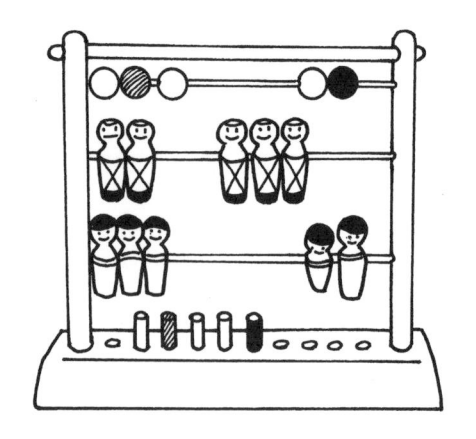

数のドミノ

　1〜9の数字と絵のカードを使って，ドミノのルールにしたがって，あわせてならべていくものです。

バランスばかり

　同じ重さの板をはかりの数にあわせてかけます。10までのたし算があそびながらできます。

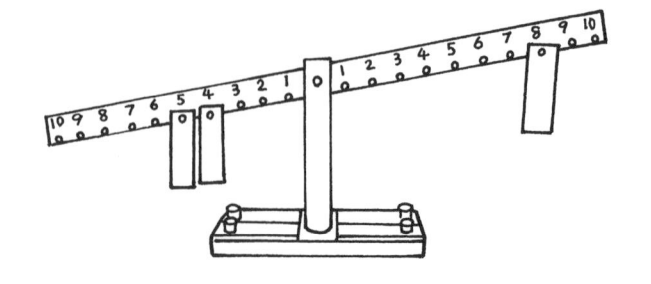

組み立てる 実験する

知的障害児のあそびを見ていて気づくことは，物と物の規則的な関係が理解できない，目的をもって考えることがむずかしい，何事も偶然にやる場合が多いということです。

まず，ある素材を簡単に組み立てることからはじめ，次にはめる・押すといった物と物との結合を練習させます。

そして，見せた物をまねてつくらせ，次に図面や絵を見てつくらせ，最後の段階では技術的な解決策を自分でみつけさせるところまでいけるとよいでしょう。どうしても自分でできない場合は，見ているだけでもかまいません。子どもの関心度と能力の度合を考えて，おもちゃを選び，保育者や大人はやりかたをちょっと示す程度にします。

砂あそび・水あそび

砂あそびや水あそびは，子どもに多くの刺激を与え，構成あそびへと発展していきます。砂の中に手をいれるといった目的のないあそびから，おかしの形などをつくり，またそれをこわしていくという過程で，創造性がうまれ，手足のたくみな動きが促され，体が行動的になっていきます。

色ひもとおし

球（大・小）と四角形で色がついているものに，ひもを通して，板の上で構成するおもちゃです。

構造積木

平行六面体，円柱，半球などの組み合わせで構成あそびをします。

組み立ては，それぞれの穴に木のピンをさしこんでとめていきます。

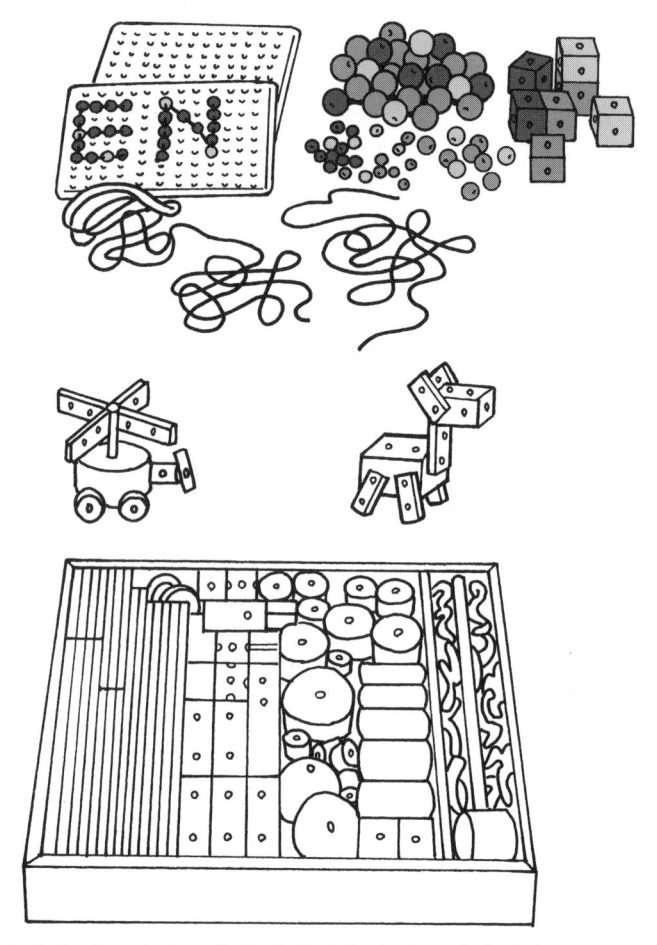

　木の積木は，よくみがかれているものをおすすめします。ささくれているものは論外です。

　小さい子どもほど，自然の木の色がよいようです。というのは，子どもはまず形だけに注目して構成することができ，色の問題を気にしなくてもすむからです。

　こうしたおもちゃによって，構築やバランスの経験をもつことができるようになります。無計画なあそびから，目的をもって構成していくようになるまではかなりの時間がかかるでしょう。長い道のりですが，これによって手の動きがこまやかになるでしょう。

ブロック

多様な組み合わせができ，大きなブロック——デュプロとレゴ・ブロックとの併用ができます。

部品として，人形や車もあり，あそびの範囲が広くなります。

口に入らない大きさの乳・幼児用ブロック。

構成ブロック

構成ブロックにはいろいろな種類があります。ただはめこむだけのものとか，右の写真のように，ボルトとナットでとめるものがあります。

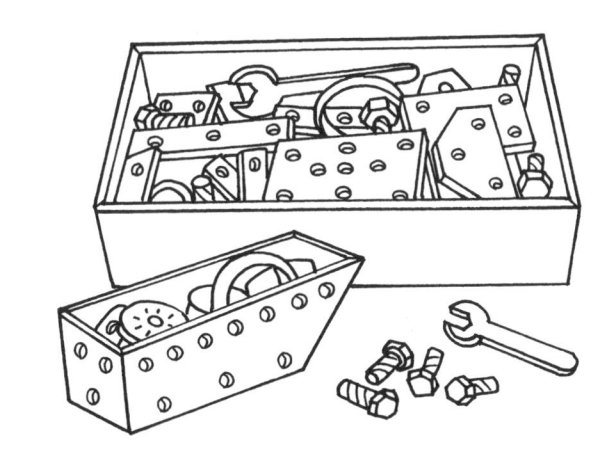

合成樹脂のブロックはたくさん市販されていますが，製品の材質，特徴をよく調べて，構成しやすいものから与えてください。両親・保育者がしっかり計画をたてて課題を組み，適当な時間内でやらせるようにしていくようにすれば，造形的な活動が成功していくようになるでしょう。

● 現場からの質問に答えて ③

　　　3歳未満児のための手づくりおもちゃをつくっています。
　　つくって与える場合，注意することをおしえてください。

身近なものすべてがおもちゃである

　おもちゃは子どもにとって生活の糧であり，成長の道具です。すぐに市販のものを考えがちですが，子どもが手にもってあそべるものは，すべておもちゃだといえます。

　だから，フロシキ，ハンカチ，せんたくばさみ，ソロバン，茶卓，ゴムホース，なべのフタなど日用雑貨品が十分おもちゃになりうるのです。

単純でおもしろいものがよいおもちゃ

　そして，意図的なねらいをもって，身近にある日用品や廃品に手を加えてつくるのが，手づくりおもちゃです。3歳未満児のためのおもちゃは，まず，単純であることが望ましいです。というのはひとつのおもちゃに多くのねらいをもたせて複雑につくるとかえってこわれやすいものになってしまうことが多いからです。ねらいをひとつにしぼった単純なものが，より幅広く3歳未満児のおもちゃとして使われているようです。

　留意点としては，こわれても危なくないような素材を選ぶことと，飲みこみやすいようなもの（ボタンなど）は特にじょうぶにとりつけてください。そして，与えた後，数日してこわれていないか調べ，確かめる必要があることはいうまでもありません。

時間をきめて片づけをきちんと

　そして，与えたら与えっぱなしにしないで，時間をきめて与えるようにしてください。1～2歳児なら，常にきちんと片づけさせるという習慣をつけることです。

IV

材料別・手づくりおもちゃのつくり方

いま，手元にこんなものがあったら

わたしたちの身のまわりには，いろいろなカラー容器や残材がでてきます。手づくりのおもちゃをつくる場合，いろいろな方法が考えられます。まず，こんなものがたくさんあるから，これを利用しておもちゃをつくってみようとか，あるおもちゃをつくりたいので，材料としてこういうものをあつめようとか，つくりたいおもちゃを手もちの材料で工夫して使ってつくるケースとかがあります。

空容器，残材はすてるにはもったいないが，ある固定形になっているので，材質を考えて，かんたんに手を加えたり，他のものと組み合わせるだけでできるといった，一石二鳥の便利さと手軽さがあります。

最近では，手づくりおもちゃの本がたくさん市販されていて，それらを見てつくりたいと思っても，それに必要な材料が手に入りにくかったり，つくり方が高度すぎるといった悩みを聞くことがあります。

保育園や幼稚園で子どもとつくってあそぶには，どうしても数が多くなくてはなりません。園において，たやすくたくさんたまる材料を使って，手づくりのおもちゃができれば，つくる意欲をもつ教師が多いのではないでしょうか。

IV章では，どこの園でもあつめられると思える材料をえらんで，材料別の手づくりおもちゃのつくり方，あそび方を紹介します。これらはほんの一例ですので，これをもとに教師はねらいをもって子どもたちに工夫させたり考えさせたりして，よりたのしいあそびが展開されることを望みます。

新 聞 紙

　新聞紙は集団で使う場合，かなりおしげもなく使える材料といえるでしょう。新聞紙でツリーやてっぽうをつくってあそんでも，やぶれてしまうとそれで捨ててしまうケースが多いようですが，それを手で強くまるめて，だれが遠くまで投げるかというぐあいに発展させます。遠くにとばすためには両手で強くまるめる活動が必要です。また，玉入れゲームに発展させ，箱に全部はいってしまったところで，片づけもおわりです。最後に石けんで手をきれいに洗いましょう。

新聞紙のツリー

新聞紙を半分に切って、

まく。

まん中を持って引き出す。

4カ所切る。

頭にかぶってインディアン

おすもうさん

紙でっぽう

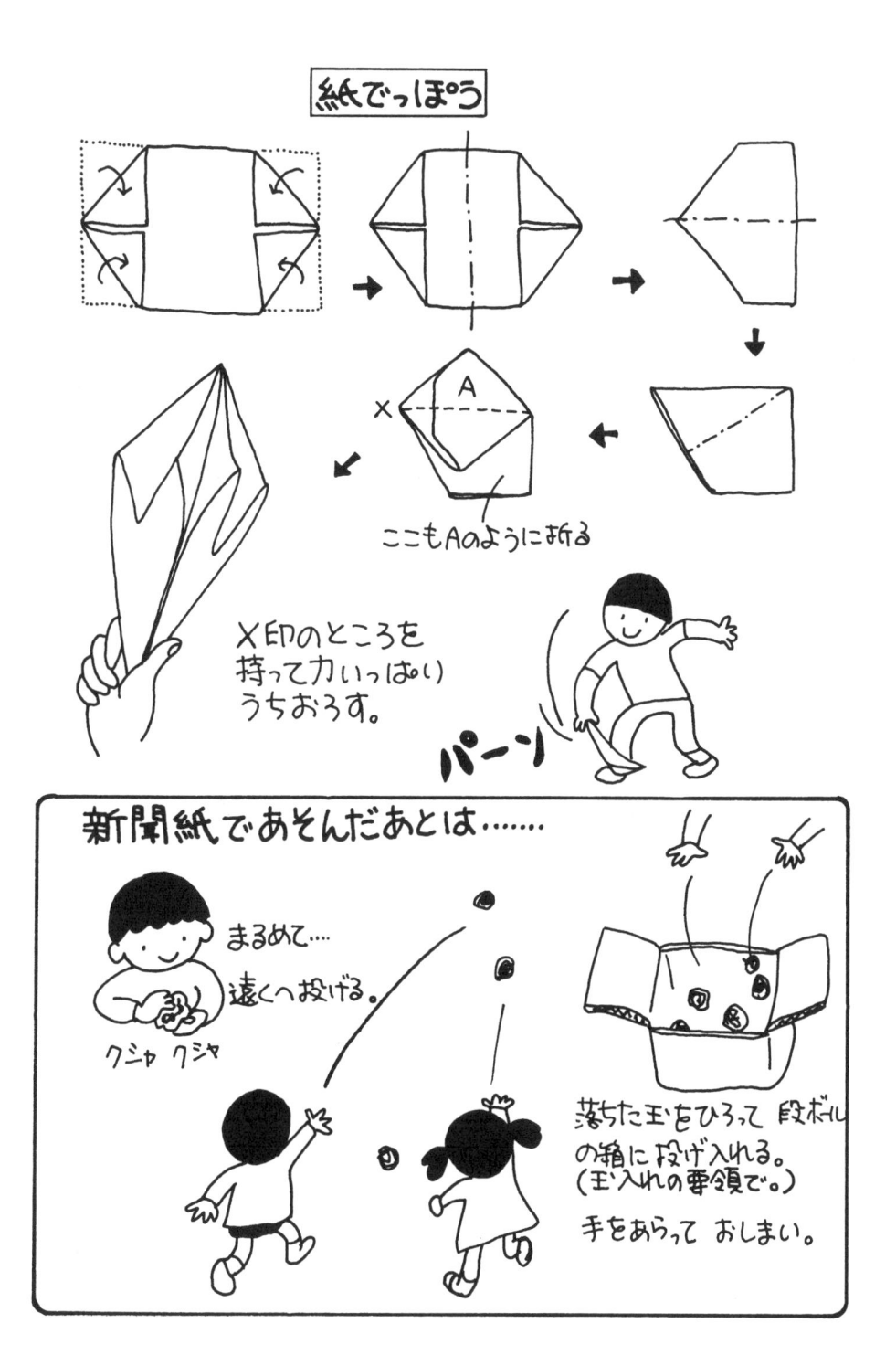

ここもAのように折る

X印のところを
持って力いっぱい
うちおろす。

パーン

新聞紙であそんだあとは……

まるめて….
遠くへ投げる。

クシャクシャ

落ちた玉をひろって 段ボール
の箱に投げ入れる。
（玉入れの要領で。）

手をあらって おしまい。

紙の小箱・段ボール箱

　石けんの箱などを利用して，ロープウェー，ボックスカメラのような動きのあるおもちゃがつくれます。なぜ，動くのか，変わるのか，子どもたちと話しあってみましょう。段ボールの箱はそのままでもおもちゃになりますが，少し手をくわえるだけで，ごっこあそびの幅をひろげられるものがたくさんできます。

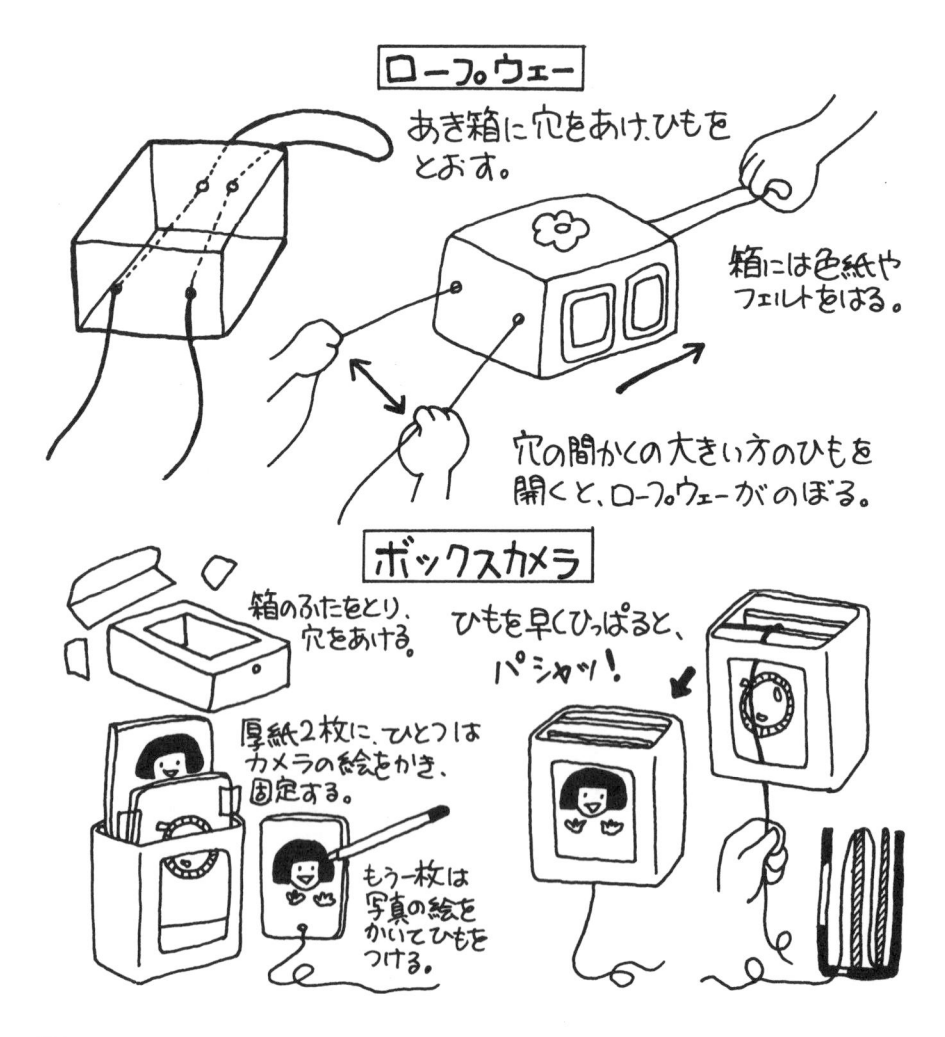

ロープウェー

あき箱に穴をあけ，ひもをとおす。

箱には色紙やフェルトをはる。

穴の間かくの大きい方のひもを開くと、ロープウェーがのぼる。

ボックスカメラ

箱のふたをとり、穴をあける。

厚紙2枚に、ひとつはカメラの絵をかき、固定する。

もう一枚は写真の絵をかいてひもをつける。

ひもを早くひっぱると、パシャッ！

はいるかな

しっかりした段ボールの箱のふたにいろいろな形の穴をあけ、きりとったものに段ボールを何枚かはって立体的にする。

段ボールの家づくり

ガムテープではったり、カッターナイフできって、ポスターカラーをぬる。

テレビのチャンネルあそび

足釘でとめる

段ボール箱の底をぬき、画面の所をきって、机と机の間におく。前をふろしきでかくしてもよい。

ちょうつがいの部分は、補強のため、うら、表とも布のテープを接着剤ではっておく。

ままごとびょうぶ

段ボールにもぞう紙をはって絵をかく。

トイレットペーパー，ガムテープ，セロテープの芯

　トイレットペーパーの芯はためておく気があれば，結構たまるものです。それを胴にして，頭をつければ人形ができます。年長児ならたやすくできます。けん玉，輪なげは色をつけたり，ビニルテープをまいたり装飾して，みんなであそべるものができます。

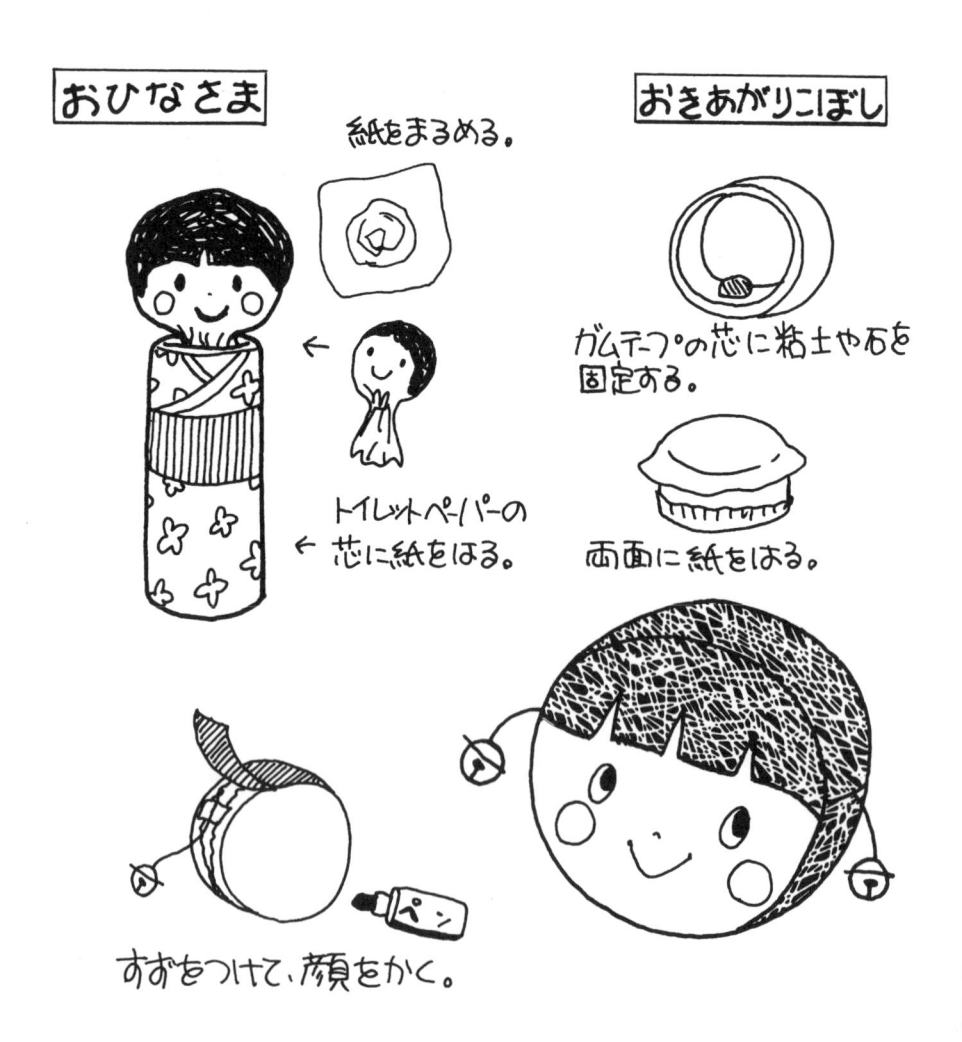

おひなさま

紙をまるめる。

← トイレットペーパーの芯に紙をはる。

すずをつけて，顔をかく。

おきあがりこぼし

ガムテープの芯に粘土や石を固定する。

両面に紙をはる。

けん玉

セロハンテープの芯にビニールテープをまき、わりばしにたこ糸でつける。

輪なげ

枯枝を使って。

トイレットペーパーの芯をいろいろな長さに切る。

あき箱のふたに穴をあけ、さしこむ。

牛乳パック

　牛乳パックは防水性があり丈夫なうえ，カッターで切りやすく，使いやすい材料といえます。パックン人形，とんぼがえるはともにパックのもつ弾性を利用したものです。ひもとおしは年中・年長児用で，うまく手先のコントロールができるようにさせます。

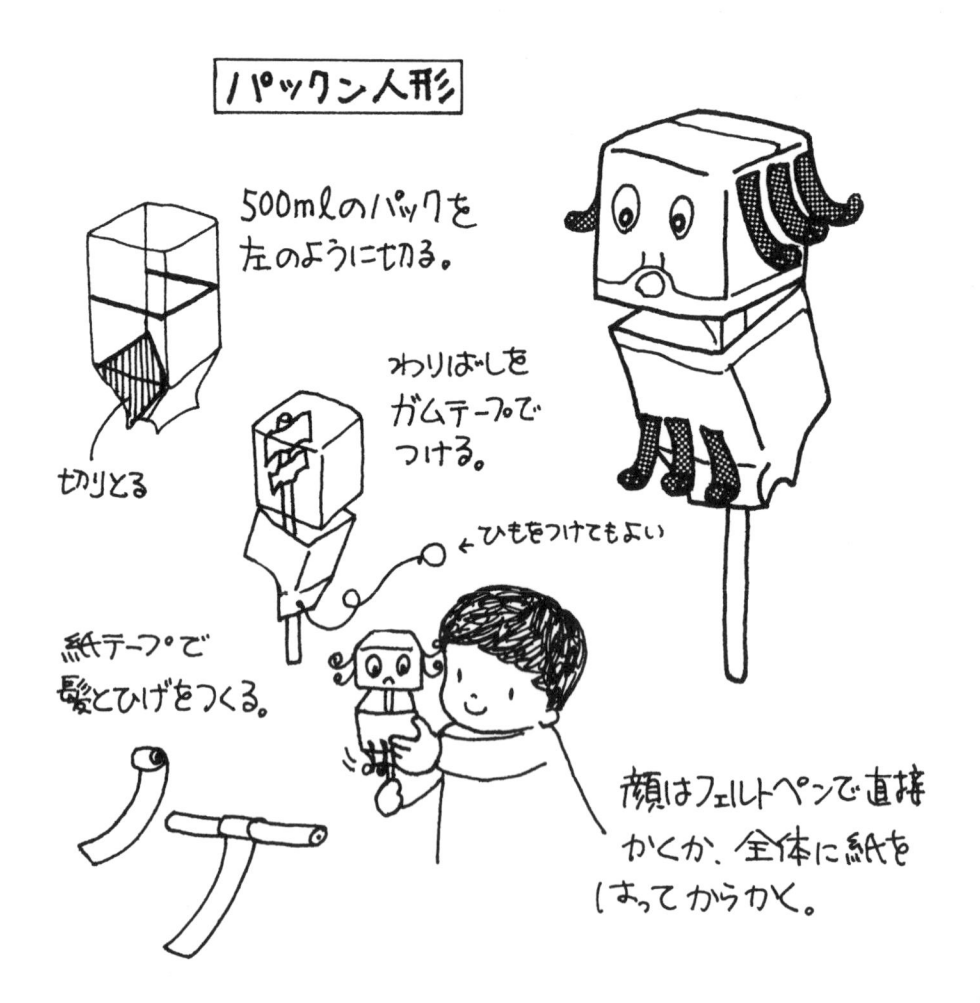

パックン人形

500mlのパックを左のように切る。

切りとる

わりばしをガムテープでつける。

←ひもをつけてもよい

紙テープで髪とひげをつくる。

顔はフェルトペンで直接かくか，全体に紙をはってからかく。

とんぼがえる

パックを切って絵のように
おりまげ、目をかく。

ここを おさえる

お尻をおさえて放すと ひっくり返る。

ひもとおし

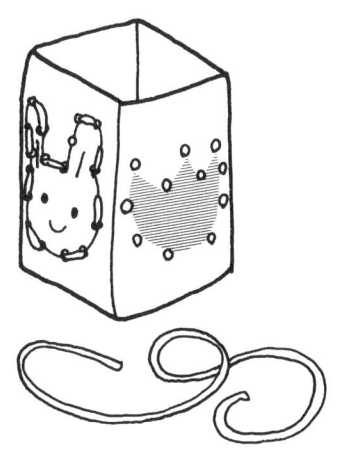

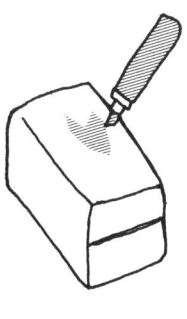

500mlパックの上の部
分を切りおとし、紙を
はって絵をかく。

ひもが充分とおる大きさ
の穴をあける。

わりばし

　集団の場合，多量のわりばしがいるので近所の食堂でもらってきて，水洗いして乾かせば使えます。輪ゴムでわりばしをつよくとめるということは，年長児にしてもむずかしいです。ヒコーキぐらいはできますが，わりばしでっぽうは保育者がつくって与えてください。そして，子どもたちに怪獣の絵を描かせて切りとって的をつくらせて，射撃大会をおこなうのもよいでしょう。人に向けないようにさせてください。

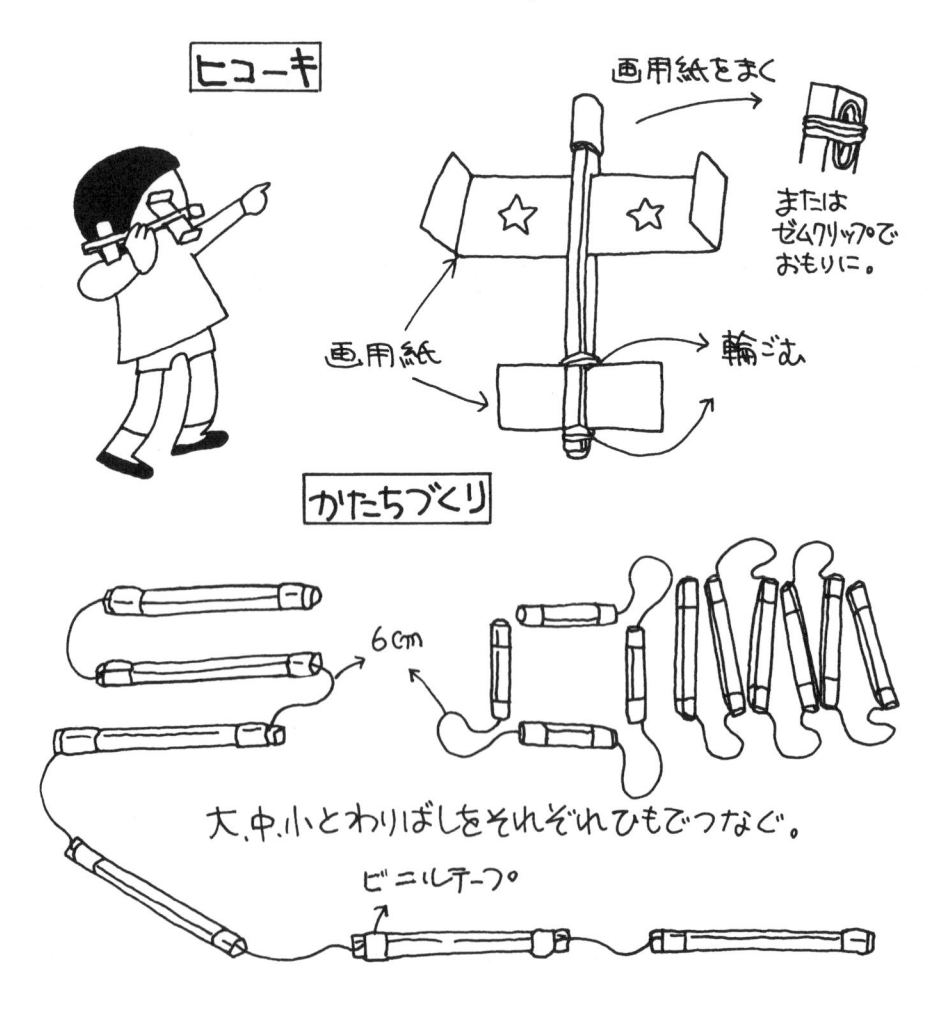

ヒコーキ
画用紙をまく
またはゼムクリップでおもりに。
画用紙
輪ゴム

かたちづくり
6cm
大，中，小とわりばしをそれぞれひもでつなぐ。
ビニルテープ

くじ引き

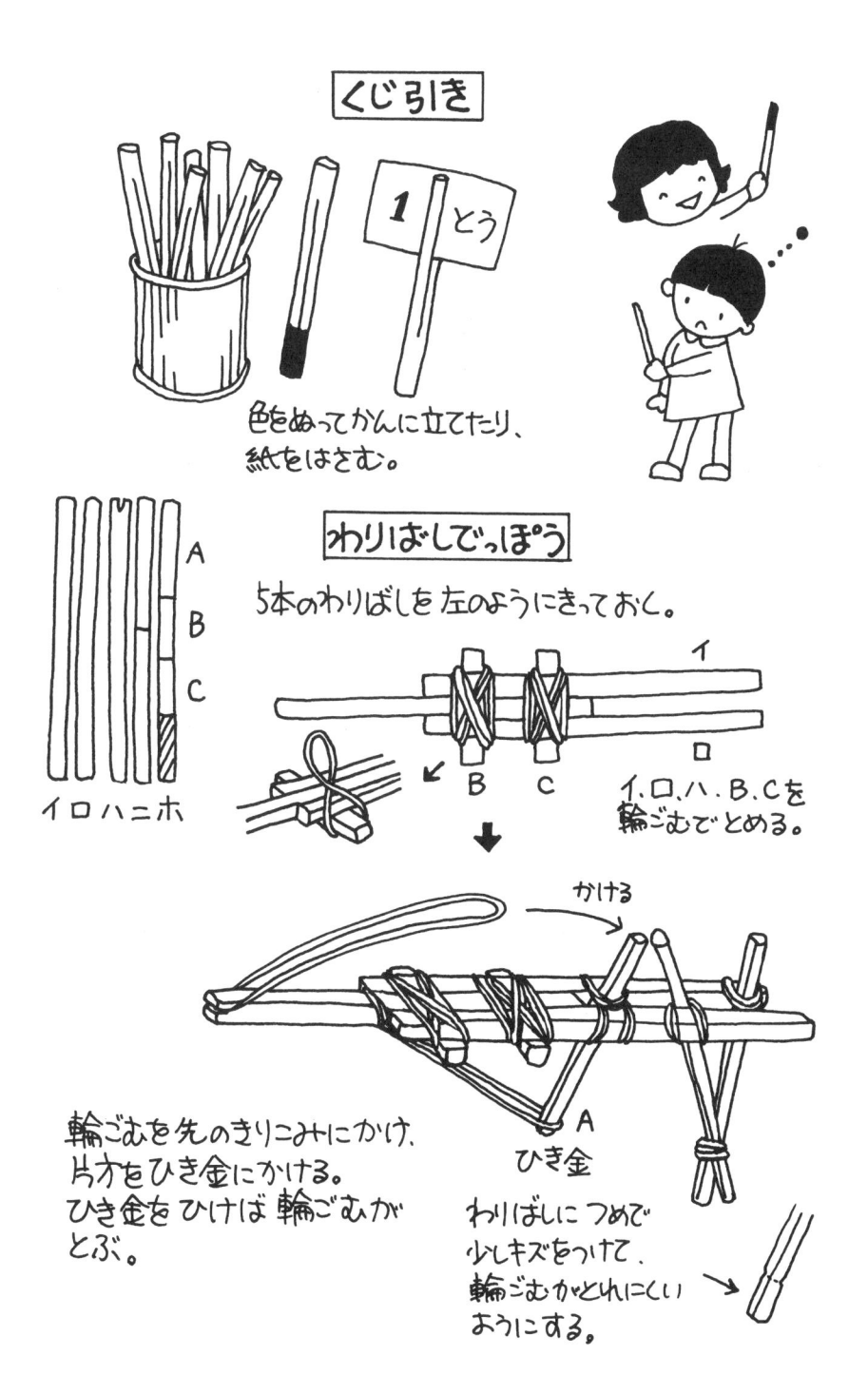

色をぬってかんに立てたり、紙をはさむ。

わりばしでっぽう

5本のわりばしを左のようにきっておく。

イロハニホ

イ、ロ、ハ、B、Cを輪ごむでとめる。

かける

ひき金

A

輪ごむを先のきりこみにかけ、片方をひき金にかける。ひき金をひけば輪ごむがとぶ。

わりばしにつめで少しキズをつけて、輪ごむがとれにくいようにする。

かまぼこ板

　かまぼこ板はそのままでも積木として使えますが，半分に切ったものも用意して，くぎや接着剤で組みあわせて椅子や机をつくって，ままごとあそびに使えるようにしてもよいでしょう。

　げたは歩きにくいので，うまくひきずったり，足を高くあげながら歩いたりして競争するのもおもしろいです。

かまぼこげた

かまぼこ板に じょうぶな布（ジーパンのすそを切ったものなど）をくぎでつける。

シールをはったりペンキをぬる。

むずかしいぞ。

ハンカチでしばった簡易げた。
歩くのはとてもむずかしい。

かまぼこ積木

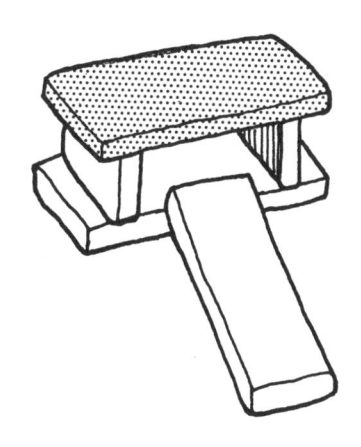

そのままの大きさと切ったものにニスやペンキをぬる。

かわり積木

半分に切ったものとそのままのものを組みあわせて、くぎか接着剤でとめる。

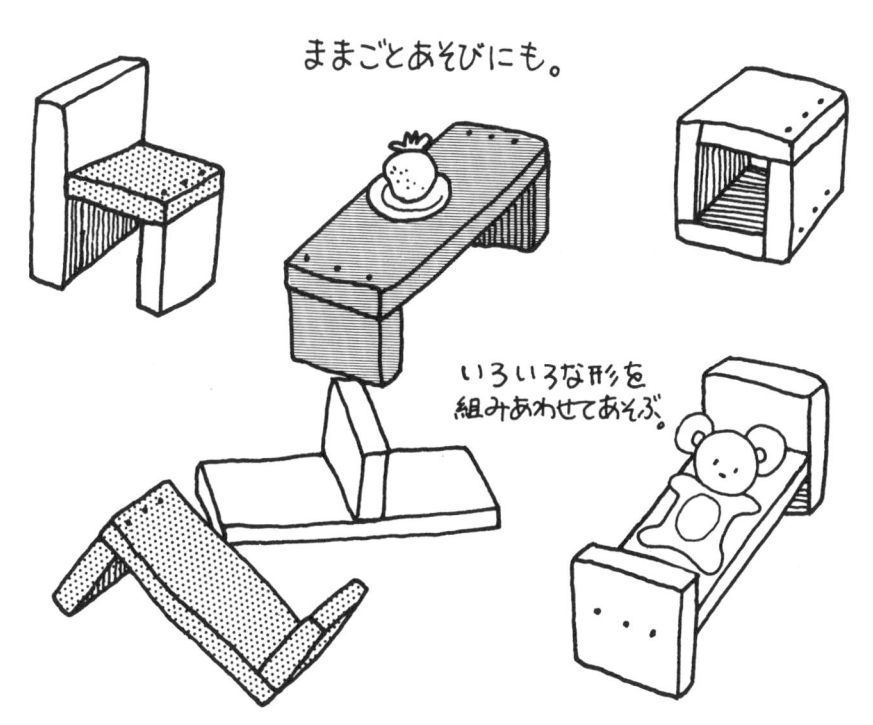

ままごとあそびにも。

いろいろな形を組みあわせてあそぶ。

シャンプー，カプセルトイの空容器

　シャンプーの空容器は，水をいれて押しだす水でっぽうのあそびに，かかせないものです。すこし手をくわえて人形などをつくるのもおもしろいです。
　カプセルトイの空容器でガラガラをつくるのはよく知られていますが，ひと工夫すれば，中身がいつでもかんたんに入れかえができ，音色を変えて聴かせることができます。さあつぎに何を入れてみようかな。

カプセルトイのガラガラ

カプセルトイを 綿ロープなどで つなぐ

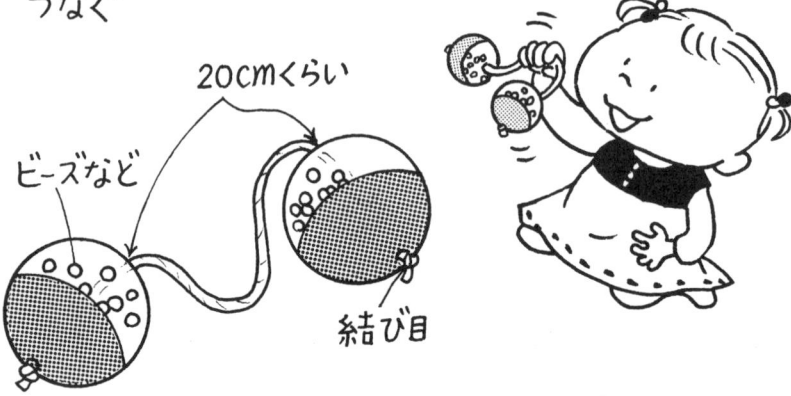

20cmくらい

ビーズなど

結び目

カプセルトイの上下に 目うちなどで 穴をあけ 綿ロープやひもで つなぐ

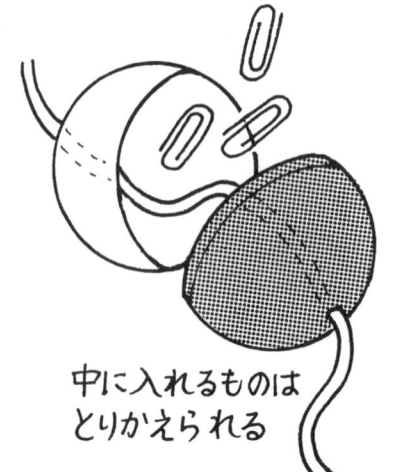

中に入れるものは とりかえられる

シャンプー容器の水でっぽう

よく洗って水を入れる。

ボーリングのピン

ビニルテープをまく。

とうめい人形

透明なシャンプーの容器に色水を入れる。

→ビニルテープ

顔はピンポン玉にわりばしをさす。

毛糸くずやリボンで頭をかざる。

不透明の容器にはおもりのため、色水のかわりに砂などを入れてもよい。

ビニール袋

　最近，ビニルのゴミ袋は透明なものだけでなく，青や黒など色がついたものがあります。これを材料にしてつくるのにふさわしいものは，落下傘とグニャグニャだこです。糸をむすぶということなどは年長児にしてもむずかしいですが，どのところまで子どもにやらせるかをきめ，あとは手をかします。つくって，あげるのがなによりもたのしいものです。

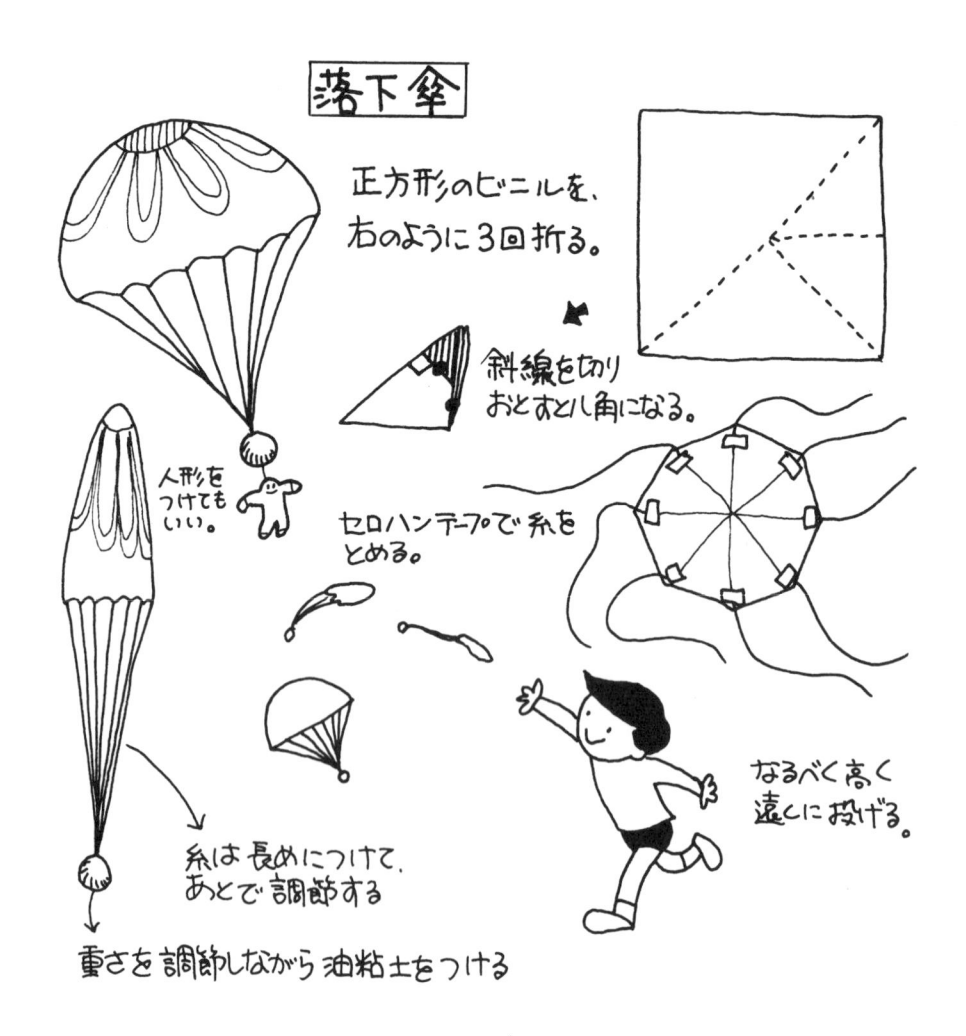

落下傘

正方形のビニルを、右のように3回折る。

斜線を切りおとすと八角になる。

セロハンテープで糸をとめる。

人形をつけてもいい。

糸は長めにつけて、あとで調節する

重さを調節しながら油粘土をつける

なるべく高く遠くに投げる。

ビニルのさかな

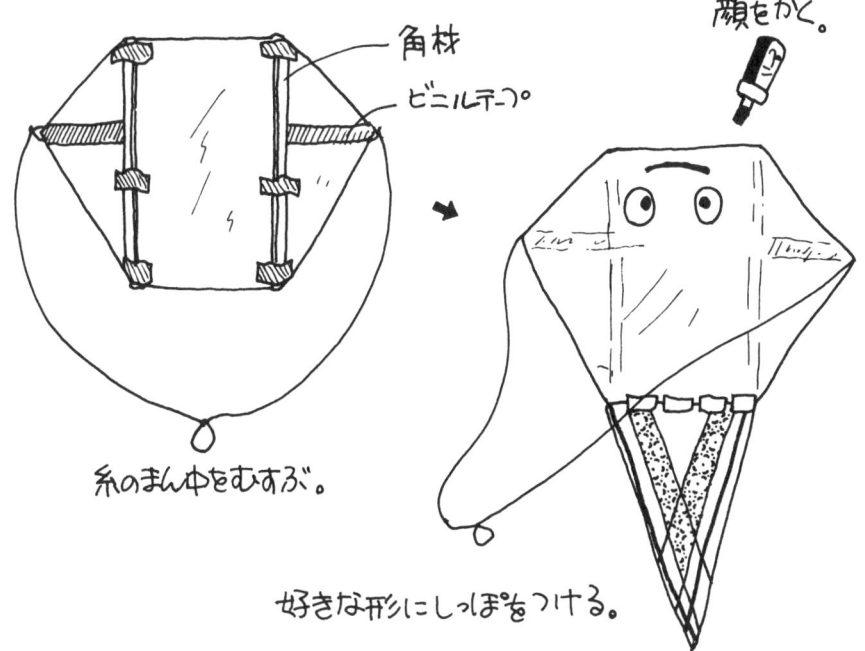

紙袋に絵をかいて新聞紙を中につめ、ビニル袋をかぶせる。

ひもでしばって針金の輪をつける。

つりばりも針金で

えさ

グニャグニャだこ

型紙をつくり、大きなビニル袋にのせて切る。

5ミリの角材を2本、切りぬいたビニルに、ビニルテープでとめ、たこ糸をつける。

角材
ビニルテープ

糸のまん中をむすぶ。

顔をかく。

好きな形にしっぽをつける。

125

空　缶

　空缶は切り口の処理がきちんとしてあれば，いろいろに使えます。空缶のまわりに紙やフェルトをまくだけで，きれいな小物入れになりますし，その缶を棒でころがして競争ができます。また，棒に2つの缶をひっかけてバランスあそびができます。そして，かん馬もつくれます。このようにひとつの缶のあそび方，使い方をいろいろかえていくことができます。缶の太さ，高さによっても使いわけてください。

ガラガラたおし

つみ重ねたり
ボーリングしたり。

顔はアップリケ。

ジュースのあきかんがすっぽりはいるようにフェルトをぬい，かんの中にゼムクリップを入れてとじる。

出たり消えたり

あきかんのふたを切りとってまわりにつや紙をはる。
大小，かさねて色あてなど。

直径3〜4cmの竹の棒

かんころがし

あきかんにフェルトペンやビニールテープでもようを。

バランスあそび

あきかんをひもでつるす。
砂や水を入れたり、おやつなどをはかったりする。

棒や竹にきりこみをいれる
はりがね
ひも
ひも

かん馬

あきかんに穴をあけ、ひもを通す。

両手のかん馬

切りくちはけがしないようたたいておく。

フェルトをはる。

切りくちにもフェルトをはっておく。

ひもを手にかけてよつんばいで進む。

パカ　パカ

高さのちがうかんでもよいが細いもの、背の高いものは危険。

すずをつけると楽しい。

布

　布を主としたものといえば，ぬいぐるみ人形になりますが，年中児，年長児になれば，古くなったカーテン布や暗幕を利用して身体いっぱいでとりくんでいける大きなぬいぐるみづくりがよいでしょう。

　ようやく歩きはじめた子には足の力や腕の力をつけさせるためにゴムつなぎボールを保育室につくってみましょう。また，いろいろなあまり布で感触のちがったかわりお手玉もつくってみませんか。

大きな人形

カーテン布などで1〜1.2mの人形をつくる。

ボロきれやスポンジ

えい！

おもりの砂袋

別布をあてたり顔をアップリケ

ゴムつなぎボール

壁にかいたたぬきのおなかの所にヒートンをつけ、布製のボールをわごむでつないでつける。

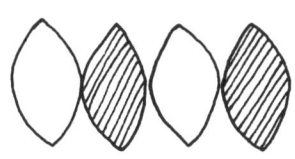

パイル生地を4枚はぎ合わせてボールをつくる。

ボールをしっかり持って壁からはなれる。手をはなすとボールがもどって壁にあたる。

わごむをとおすテープをしっかりつけておく。

かわりお手玉

ラメ入りの布

毛足の長い布

Tシャツの布、くつしたなどでつくる。

●執筆関係者一覧

企画構成　芸術教育研究所

監　　修　多田信作

編　　集　芸術教育研究所　上林　悟

イラスト　平田麻里子　渡井しおり　伊東美貴

協　　力　芸術教育の会

本書の実践についてのお問い合わせは下記にお願いいたします。

芸術教育研究所
〒165-0026　東京都中野区新井2-12-10
☎ 03（3387）5461

0〜5歳児の発達をうながすおもちゃのつくり方・あたえ方

| 2007年10月15日 | 初版発行 |
| 2017年 3月10日 | 3刷発行 |

編　者　芸術教育研究所
発行者　武馬久仁裕
印刷・製本　株式会社 太洋社

発行所　株式会社　黎明書房

460-0002　名古屋市中区丸の内3-6-27 EBSビル　☎052-962-3045
振替・00880-1-59001　FAX 052-951-9065
101-0047　東京連絡所・千代田区内神田1-4-9　松苗ビル4階
☎03-3268-3470

落丁本・乱丁本はお取替します　ISBN978-4-654-05923-2
© ART EDUCATION INSTITUTE 2007, Printed in Japan